"长三角一体化研究丛书"编委会

顾问：

王　战　张道根　周振华　洪民荣　权　衡　朱金海

编委会主任：

王德忠

编委会副主任：

王　振　干春晖

编委会委员(以姓氏笔画为序)：

于　蕾　马　双　于秋阳　邓智团　王晓娟　朱建江
李　伟　李　湛　李正图　李　健　汤蕴懿　刘　亮
沈开艳　佘　凌　沈桂龙　杜文俊　杨　昕　周冯琦
周海旺　林　兰　宗传宏　尚勇敏　唐忆文　徐丽梅
屠启宇　樊福卓　薛艳杰

长三角一体化
研究丛书

长三角人才一体化发展研究

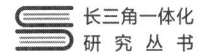

王振 胡雯 陈程 / 著

RESEARCH ON
THE INTEGRATED DEVELOPMENT
OF TALENTS IN
YANGTZE RIVER DELTA

上海社会科学院出版社
SHANGHAI ACADEMY OF SOCIAL SCIENCES PRESS

丛书总序

长三角一体化发展的新内涵新使命

2018年11月5日,在首届国际进口博览会上,习近平总书记宣布,将支持长江三角洲区域一体化发展并上升为国家战略,着力落实新发展理念,构建现代化经济体系,推进更高起点的深化改革和更高层次的对外开放,同"一带一路"建设、京津冀协同发展、长江经济带发展、粤港澳大湾区建设相互配合,完善中国改革开放空间布局。

长三角地区一体化发展上升为国家战略,其中,最值得高度关注的是,这不仅仅是长三角地区的区域发展上升到国家重大战略层面,而且国家还赋予了长三角地区更加重要的特殊战略使命,这就是抓住"一体化"和"高质量"两个关键词,着力落实新发展理念,着力构建现代化经济体系,着力推进更高起点的深化改革和更高层次的对外开放,推动更高质量的区域一体化发展。

2020年8月20日,习近平总书记在合肥召开的"扎实推进长三角一体化发展座谈会"上特别指出,面对严峻复杂的形势,要更好地推动长三角一体化发展,必须深刻认识长三角区域在国家经济社会发展中的地位和作用。第一,率先形成新发展格局。在当前全球市场萎缩的外部环境下,我们必须集中力量办好自己的事,发挥国内超大规模市场优势,加快形成以国内大循环为主体、国内国际双循环相互促进的新发展格局。第二,勇当我国科技和产业创新的开路先锋。当前,新一轮科技革命和产业变革加速演变,更加凸显了加快提高我国科技创新能力的紧迫性。第三,加快打造改革开放新高地。近来,经济全球化遭遇倒流逆风,越是这样我们越是要高举构建人类命运共同体旗帜,坚定不移维护和引领经济全球化。

新时代赋予长三角一体化发展新内涵、新使命,我们必须予以充分认识,提高站位,把握契机。

一、新时代赋予长三角一体化发展新内涵

首先,新内涵体现在更高坐标的战略定位。《长江三角洲地区一体化发展规划纲要》提出了"一极三区一高地"战略定位,即全国发展强劲活跃增长极、高质量发展样板区、率先基本实现现代化引领区、区域一体化发展示范区、新时代改革开放新高地。从长三角地区的发展实际看,我认为最重要的是两大战略坐标,即率先实现现代化和加快建成世界级城市群。也就是要按照党的十九大作出的重要战略部署,在长三角地区率先实践、率先建成现代化区域,为整个国家的现代化建设提供引领示范和坚实基础。现代化建设,既包括了构建现代化的经济体系,还包括了建设现代化的社会治理体系和现代化的基础设施体系。三大体系建设,必须突破行政区界限和行政壁垒,在更大的区域空间实现一体化布局,就是要按照国家提出的长三角城市群建设定位和要求,加快向世界级城市群迈进。从世界公认的五大世界城市群看,除了便捷高效的立体交通、充分的人口流动性、均等化的优质公共服务、高品质的生活环境等基础性优势外,它们基本还有三个影响全球、展现竞争力的标志性特征,即世界级产业集群的核心集聚区、全球科技创新的重要策

源地和全球性的资源配置中心。要实现这三大标志性功能,长三角地区更要紧密合作,充分借鉴各个世界级城市群的建设模式和成功做法,以一体化模式破除行政分隔,凝聚强大合力,加快造就具有全球影响力的集聚能级、创新能级和服务功能,为国家"一带一路"建设和参与全球治理发挥更大的作用。

其次,新内涵体现为更加紧密的区域合作。要从传统的协同合作模式向现代一体化合作模式升级,特别要在各个公共领域(包括基础设施、生态治理、市场体系、科技创新、公共服务等)更加强调整体推进、共同行动,共建共享、紧密合作,载体一体、平台统一,制度保障、强化机制。这就意味着要在四个方面推进一体化合作:一是整体推进的一体化,实现规划统筹、规划引领,强调一盘棋。二是共建共享的一体化,以共建为抓手、共享为目标,实施更多跨地区的公共合作项目,让广大中小城市共享一体化成果。三是建设载体的一体化,建设更多覆盖长三角整个地区的一体化运营实体机构,更加有效地承担一体化建设和运营项目,夯实一体化发展的载体和平台基础。四是协调机制的一体化,在制度、政策上改革创新,强化机制保障,保障各类合作项目的落地,保障各类载体机构的顺利运营。

再次,新内涵体现在更加协调的区域发展。要从区域共同体的全局考虑长三角地区的区域协调发展,并且为整个长江经济带的协调发展、整个国家东中西地区间的协调发展提供实践样本。形成区域协调发展新格局,不仅体现在区域联动发展上,还要体现在合理分工、优势互补上,最根本的则要体现在共享发展、共同繁荣上。一是区域联动、融合发展,如生态功能区与人口产业承载区的空间融合、产业链与创新链的空间融合、乡村产业振兴与大城市消费的空间融合。二是合理分工、错位发展,大城市要适当做减法,中小城市要适当做加法,发挥各自比较优势,提升产业集群竞争力。其中包括了中心城市间的城市功能空间分工、各城市之间的产业分工与产业链分工。三是缩小差距、共享发展。要把缩小地区差距、城乡差距,推进公共服务、社会福利均等化作为长三角一体化高质量发展的重要导向和考量。

二、新时代赋予长三角一体化发展新使命

新使命之一,要率先推进更高起点的深化改革,着力破解行政壁垒造成的各种"断头路",加快推进区域现代化建设,我们可把那些行政区分隔问题形象地称为断头路问题。在多个公共领域,长三角地区都存在比较突出的断头路问题,包括规划断头路、交通断头路、市场断头路、环境治理断头路、公共服务断头路、体制机制断头路等。解决行政区之间的各类断头路问题,实际就是一场更加深刻的全面改革。长三角地区城市间的经济社会发展差距相对较小,城市间的经济往来历来比较密切,特别在高铁网、高速公路网及信息化、智能化的推动下,呈现了更加紧密的同城化趋势,这些条件为我们承担国家赋予的更高起点深化改革提供了基础,也是必然。

当前围绕一体化发展,应该从两大方面深化改革:一是以示范区模式积极推进综合配套改革。主要以设立长三角一体化发展示范区为抓手,在规划管理、投资管理、生态治理、财税政策、社会政策、公共服务等多个方面开展系统性的深化改革。这项示范区改革具有很大的挑战性,需要积极谋划,大胆创新。此项改革如同上海自贸区的最初启动,先从跨省域的小范围空间启动,逐步探索经验,再逐步扩大更大的空间。二是加快重点领域专项改革。要在一些关键的重点领域探索打造一批一体化运营的载体机构,更加有效地承担一体化重大项目,并形成相应的配套机制。可在城际轨道建设、跨地区生态补偿机制、市场一体

化和共享大城市教育、医疗等优质公共服务资源等四大领域积极推进专项改革。

新使命之二,要对标世界级城市群影响全球的世界级产业集群集聚功能、科技创新策源功能和全球资源配置功能,积极实践更高层次的对外开放,增强区域竞争力和国家影响力。要以整个区域的更高层次对外开放为动力,进一步激发长三角地区的内在活力和高质量发展,并在"一带一路"建设和共建人类命运共同体中展现长三角地区的主动作为和全球影响力。2016年颁布的《长江三角洲城市群规划》已提出,到2020年基本形成世界级城市群框架,到2030年全面建成全球一流品质的世界级城市群。

要深化产业开放,更高层次地引进来,更加主动地走出去,共同打造世界级产业集群的核心集聚区。要进一步扩大产业开放面和产业开放深度,打造全球产业投资的沃土和全球产业链集聚的中心。发挥市场规模大、交通物流发达、产业配套强、成本有梯度的区域优势,更加有力地吸引各类行业国际巨头在长三角地区进一步增强总部功能和研发功能,更加主动地吸引各国高科技先锋企业到长三角地区布局产业化基地、进入中国市场。加快壮大本土龙头企业,走向产业链中高端,走向"一带一路"沿线国家和地区,走向跨国公司。重点谋划电子信息、高端装备、汽车、家电、纺织服装及造船、生物医药、绿色化工、互联网等已经具备世界级产能的产业集群。

要深化科创开放,以更加开放的科技创新环境和新兴产业市场,共同打造全球科技创新的重要策源地。充分发挥大学、科研院所和科技创新人才的集聚优势,加强与各个全球科技创新中心的全面接轨、无缝对接,促进国际高端创新资源及前沿科学技术不断流动和集聚到长三角地区,共同打造具有全球影响力的沪宁合科创走廊和G60科创走廊。

特别要发挥张江、合肥两大国家综合性科学中心的建设优势,发挥上海和苏南高科技产业集聚优势,以更高的谋划、更大的创新、更实的行动,全力推进沪宁合科创走廊建设。

要深化服务市场开放,充分发挥自贸区改革开放优势,共同建设全球服务功能。推动上海自贸区临港新片区建设,在金融、贸易、航运、信息、创新等服务领域实施更高层次的对外开放,优先在长三角各地试行、复制。推动长三角各地深化自贸区改革发展,提升各中心城市的对外服务功能。要以强大的区域内需,支撑功能平台的规模能级;以国际最高开放标准,提升功能平台的全球影响;以积极参与"一带一路"建设,加快功能平台的全球布局。

新使命之三,要探索实践用"一体化模式"加快缩小地区差距,实现全区域的共同繁荣发展。在社会主要矛盾发生变化的新形势下,长三角地区要充分发挥各个核心城市及核心区的辐射带动作用,积极用一体化模式更好解决区域发展中的不平衡不充分问题,更好满足广大长三角人民对美好生活、品质生活的需求。跨行政区的一体化发展模式,可以说是一种新型区域合作模式,其中有很多需要探索实践,需要以改革为动力。这一模式如果在长三角地区取得突破和成功,不仅对三省一市的共同发展具有重要意义,而且对整个长江经济带和整个国家的共同发展和现代化建设也具有积极的引领示范意义。

必须看到,长三角地区仍然存在比较明显的地区差距、城乡差距,根据2020年统计数据,人均GDP水平,上海为2.3万美元、江苏为1.76万美元、浙江为1.46万美元、安徽为0.92万美元;城乡居民可支配收入比,上海为2.2∶1、江苏为2.2∶1、浙江为2∶1、安徽为2.4∶1,差距都还比较大;长三角城市群27城市中,人均GDP最高的是无锡市,达到2.9万美元,最低的是安庆市,为0.8万美元,相差3.6倍多。

长三角地区要在缩小地区差距和城乡差距上实施更加积极的一体化行动。一是要实施产业链带动计划,通过规划的一体化,推动产业在各个地区均衡布局,大城市适当做减法,合力疏解优势不明显、布局不合理的一些产业项目,为各个中小企业提供更多更好的产业发展空间;探索财税分享政策,更好地运用利益共享机制,调动各个核心城市扩散产业项目、合作建设飞地型园区的积极性。二是要实施科技创新带动计划,构建成果转化一体化体系,加快创新溢出;促进人才一体化,为各地提供积极的智力支撑;加强创新服务一体化,让各地共享优质的低成本服务。三是要实施乡村振兴带动计划,促进绿色农产品产销一体化,提升纯农业地区的农业附加值和收益;推进旅游康养一体化,培育壮大农村旅游休闲产业,开发和提升生态保护主体功能区的生态产品价值;推进生态补偿机制建设,让承担生态保护责任的农村地区可以得到相应的补偿和经济支撑。

三、新时代长三角一体化发展的新课题

习近平总书记在"扎实推进长三角一体化发展座谈会"上特别强调,"长三角一体化发展不是一日之功,我们既要有历史耐心,又要有只争朝夕的紧迫感,既谋划长远,又干在当下"。在开启全面建设社会主义现代化国家的新征程中,要更好发挥长三角地区强劲活跃增长极功能、改革开放先行者功能和现代化建设引领功能,就必须坚持改革、开放、创新三轮驱动,极大释放改革、开放、创新在新时代社会主义现代化建设中的驱动力。

《长江三角洲地区一体化发展规划纲要》确立的"一极三区一高地"战略定位也提出了推动长三角一体化发展中需要深入研究的五大领域新课题。一是如何加快建设区域创新共同体,增强创新策源能力,厚植

强劲活跃增长极的根基,提升长三角地区的国际竞争力和全国经济带动力;二是如何深入践行新发展理念,率先实现质量变革、效率变革、动力变革,在全国发展版图上不断增添高质量发展板块;三是如何统筹推进经济、政治、文化、社会、生态文明各项建设,率先建成富强民主文明和谐美丽的社会主义现代化区域,并为全国的现代化建设提供样板和动力;四是如何深化跨区域合作,创新区域一体化制度,率先构建区域统一大市场,率先实现基础设施互联互通、科创产业深度融合、生态环境共保联治、公共服务普惠共享,区域一体化制度创新,为全国其他区域一体化发展提供示范;五是如何推进更高起点的深化改革和更高层次的对外开放,加快各类改革试点举措集中落实、率先突破和系统集成,以更大力度推进全方位开放,打造新时代改革开放新高地。

长三角一体化发展研究,是上海社会科学院长期以来持续开展的重要研究领域。为统筹和集聚各个研究所相关研究力量,2017年我们在院层面搭建了长三角与长江经济带研究中心平台,当时的工作重点是推进长江经济带数据库建设,同时推出长江经济带蓝皮书和长三角经济发展蓝皮书。随着长三角一体化发展上升为国家战略,我们聚焦区域一体化发展,承担并完成了各个层面的多项重要课题。为系统反映我们的研究成果,也为系统梳理和探讨长三角一体化发展实践中的理论和现实问题,从2020年开始,我们启动长三角一体化研究丛书的研究、编撰工作,争取用5年左右时间形成6—8部系列研究专著。

王　振　上海社会科学院副院长
2020年10月

前　　言

党的二十大报告指出，教育、科技、人才是全面建设社会主义现代化国家的基础性、战略性支撑。必须坚持科技是第一生产力、人才是第一资源、创新是第一动力，深入实施科教兴国战略、人才强国战略、创新驱动发展战略，开辟发展新领域新赛道，不断塑造发展新动能新优势。围绕深入实施人才强国战略，特别提出，加快建设世界重要人才中心和创新高地，促进人才区域合理布局和协调发展，着力形成人才国际竞争的比较优势。

"加快建设世界重要人才中心和创新高地"，是2021年9月27日召开的中央人才工作会议作出的重大战略决策部署。在这次会议上，习近平总书记做了题为"深入实施新时代人才强国战略　加快建设世界重要人才中心和创新高地"的重要讲话，鲜明提出，"党的十九届五中全会明确了到2035年我国进入创新型国家前列、建成人才强国的战略目标。做好新时代人才工作，必须坚持党管人才，坚持面向世界科技前沿、面向经济主战场、面向国家重大需求、面向人民生命健康，深入实施新时代人才强国战略，全方位培养、引进、用好人才，加快建设世界重要人才中心和创新高地，为2035年基本实现社会主义现代化提供人才支撑，为2050年全面建成社会主义现代化强国打好人才基础"。加快建设世界重要人才中心和创新高地的战略重心,在于加强国家战略科技力量建设,夯实高水平科技自立自强的人才基底,以高水平人才队伍和创新实力,全面迎接世界百年未有之大变局。

"加快建设世界重要人才中心和创新高地"赋予长三角地区新的国家使命。长三角地区是我国经济发展最活跃、开放程度最高、创新能力最强的区域之一,在国家现代化建设大局和全方位开放格局中具有举足轻重的战略地位。长三角地区集聚了全国近1/3的科技创新资源,布局了上海张江和安徽合肥两大国家综合性科学中心,以及一大批国家级的人才创新平台,是"加快建设世界重要人才中心和创新高地"的重要战略空间和人才雁阵配备。特别是长三角地区41个城市,在区域一体化发展的国家战略推动下,形成了更加紧密的科技创新共同体构架和人才雁阵组合,一个具有世界影响力的强大人才雁阵——长三角人才雁阵,已具雏形,并正展翅向着更高的目标前行。根据我们的研究,长三角人才雁阵在空间上可分为五层力量配备,上海是头雁,承担着建设高水平人才高地和国际枢纽功能,南京、杭州、合肥、苏州等4个城市是重要支点城市,宁波、无锡、芜湖、南通、常州、嘉兴、镇江、扬州等8个城市是重要节点城市,绍兴、湖州、泰州、马鞍山、舟山、台州、金华、盐城、滁州等9个城市是成长节点城市,还有19个城市是长三角人才雁阵的后方基地。长三角人才雁阵,因上海这个现代化国际大都市的引领而坚定地对标国际最高标准、最好水平,迈向国际一流;因众多活跃的支点、节点城市的一体化行动而更加强劲有力、勇立鳌头。

人才雁阵建设为我们推进长三角地区的一体化发展提供了一个与区域创新共同体建设共进的抓手和突破口。以人才这个第一资源为抓手,不断深化区域要素统一大市场建设,促进要素畅通流动、有效配置;人才驱动创新,把突破和破除科技创新行政边界框框问题、断头路问题,更多聚焦到人才层面,以人才流动、人才共享的区域之需,推动全区域的人才开放;以人才为中心,积极推动区域协同立法,为区域一体化发展提供积极有效的制度保障。

长三角地区是我国社会主义现代化建设的先行者、引领者,在火热的社会主义现代化建设征程中,深入观察、研究梳理、建言献策,是我们智库人应尽的职责。通过一个个重点发展领域的区域深度研究,逐渐形成长三角一体化发展的系列研究丛书,这是我们长三角研究团队5年乃至10年的任务。

本书是长三角一体化研究丛书的第三部。参与本书研究撰写工作的王振、胡雯、陈程,都是专业研究人才问题的科研人员,他们在人才研究领域的多年积累,为高质量完成本书奠定了很好的基础。本书由王振提出框架并负责全书统稿工作。感谢汪怿研究员、高子平研究员、陈国政研究员,这三位人才专家对本书提供了有益素材和观点建议。

王　振　上海社会科学院副院长
2023年2月

目　　录

丛书总序 …………………………………………………………… 1
前言 ………………………………………………………………… 1

第一章　新时代我国人才发展的新形势 ……………………… 1
　一、全球人才竞争新态势 ……………………………………… 2
　　（一）全球理工人才供求矛盾更加突出 …………………… 3
　　（二）把参与全球人才竞争上升到国家战略层面 ………… 4
　　（三）全球人才竞争呈现对抗性态势 ……………………… 5
　二、新时代深入实施人才强国战略的新坐标 ………………… 6
　三、新时代深入实施人才强国战略的新举措 ………………… 10
　　（一）大力建设国家战略人才力量，打造科技自主创新
　　　　　主力军 ………………………………………………… 11
　　（二）优化人才空间布局，聚力打造世界重要人才中心
　　　　　的强劲支撑点 ………………………………………… 12
　　（三）深化人才发展体制机制改革，不断增强人才国际
　　　　　竞争的比较优势 ……………………………………… 13
　　（四）全面提高人才自主培养质量，厚植高水平科技

自立自强根基 ………………………………………… 15

第二章　长三角地区人才发展状况 ……………………………… 16
　　一、长三角地区人才发展的总体形势 ……………………… 16
　　　（一）经济社会基础发展状况 …………………………… 17
　　　（二）人才事业发展形势 ………………………………… 18
　　二、长三角地区人口、劳动力与人才分布状况 …………… 21
　　三、长三角地区人才资源流动状况 ………………………… 26

第三章　长三角地区人才一体化发展的战略与推进路径 ……… 33
　　一、长三角一体化发展上升为国家战略 …………………… 33
　　二、长三角人才一体化发展的战略定位与愿景 …………… 37
　　　（一）努力构建世界重要人才中心和创新高地的长三
　　　　　　角雁阵 …………………………………………… 38
　　　（二）率先推进区域统一开放的人才大市场建设 ……… 41
　　　（三）深入推进人才创新创业公共服务的共建共享 …… 44
　　　（四）积极推动人才资源开发的均等化一体化 ………… 49
　　三、长三角地区人才一体化发展的推进路径 ……………… 50
　　　（一）加强顶层规划设计和区域推进协调机制建设 …… 50
　　　（二）实施人才一体化发展综合改革试点 ……………… 52
　　　（三）建设促进人才一体化发展的实体型载体 ………… 53
　　　（四）推动人才一体化发展领域的区域协同立法 ……… 54

第四章　长三角地区人才发展指数：城市比较 …… 56

一、长三角地区人才发展指数的编制方法 …… 57
　　（一）评价原则 …… 57
　　（二）指标选取 …… 58
　　（三）指标体系构建 …… 59
　　（四）指数测算方法 …… 62

二、长三角地区城市人才发展指数比较 …… 63
　　（一）综合排名比较 …… 64
　　（二）人才发展基础比较 …… 67
　　（三）人才发展投入比较 …… 72
　　（四）人才发展环境比较 …… 78
　　（五）人才发展绩效比较 …… 85

三、长三角地区主要城市人才发展优劣势分析 …… 92
　　（一）上海 …… 92
　　（二）南京 …… 98
　　（三）杭州 …… 103
　　（四）苏州 …… 106
　　（五）宁波 …… 109

第五章　长三角地区主要城市及深圳的人才政策创新举措及启示 …… 115

一、长三角一体化发展背景下的区域人才发展趋势 …… 115
　　（一）人才吸引优势日益明显，集聚格局呈现多元化

　　　　特征 …………………………………………………… 115
　　（二）基础设施日益完善，人才关联方向呈现多样性 …… 116
　　（三）地方政府协同互动，人才流动趋势初现梯级性 …… 117
　　（四）科技人才流动呈现"自产自销"模式 ………………… 117
二、上海促进人才发展的创新举措 ………………………… 118
　　（一）发布人才高峰工程行动方案，"人才高地"基础上
　　　　筑起"人才高峰"，抓牢科创建设"关键少数" ……… 119
　　（二）积极下放人才审核行政审批权，各项落户通道频
　　　　为"人才"开绿灯 ………………………………………… 120
　　（三）浦东新区"引领区"建立全球高端人才引进"直通
　　　　车"制度，率先实行更开放、更便利的人才政策 …… 121
　　（四）聚焦海外人才创新创业痛点，"4+1"海外人才
　　　　系列新政，进一步提升各项政策能级 ………………… 123
　　（五）助力打造五大新城等新经济增长极，推出人才
　　　　落户和居住新政 ………………………………………… 125
三、南京促进人才发展的创新举措 ………………………… 127
　　（一）针对人才流动新特点新趋势，构建全球引才
　　　　网络 ……………………………………………………… 127
　　（二）围绕人才治理关键环节，释放本地科教资源
　　　　活力 ……………………………………………………… 129
　　（三）构建精准支持服务矩阵，营造宜居宜业人才
　　　　生态 ……………………………………………………… 130
四、杭州促进人才发展的创新举措 ………………………… 132

  （一）围绕引育留用，推动建立多维立体人才政策体系 …… 132
  （二）创新人才分类模式，政策导向体现市场化 ………… 134
  （三）实施人才集聚工程，树立杭州引才品牌 …………… 135
  （四）推进"揭榜挂帅"机制，打造全球人才蓄水池 …… 136
  （五）深化体制机制创新，营造"热带雨林式"人才生态 …………………………………………………… 137

五、合肥促进人才发展的创新举措 ……………………………… 138
  （一）四招聚用天下英才，养人政策打造养人之城 …… 139
  （二）重视现有人才队伍，围绕"稳岗""安居"提档升级 ……………………………………………………… 140
  （三）系统创新优化"养人"环境，涵养人才"生态圈" …… 141

六、苏州促进人才发展的创新举措 ……………………………… 142
  （一）巩固提升"金字塔"式人才政策体系 ……………… 142
  （二）发布人才制度改革十五条，加快人才聚焦 ……… 145
  （三）留学人才的专项支持再"加码" …………………… 148

七、深圳促进人才发展的创新举措 ……………………………… 149
  （一）建立"特聘岗位制度"，构建市场导向人才分类评价激励体系 ………………………………………… 149
  （二）实施人才创新举措，吸引顶尖人才"揭榜" ……… 150
  （三）优化人才引进入户条件，调整迁户渠道 ………… 151

八、若干启示 ……………………………………………………… 153
  （一）人才政策均衡发力，引才同时要重视现有人才队伍的稳定 …………………………………………… 153

（二）布局高等教育资源，注重发挥地方高校在人才引进和竞争中的功用 …………………………………… 154

（三）利用区域人才的"溢出"效应积极融入长三角，推动人才一体化发展 …………………………………… 155

（四）合理利用人才落户政策工具，推动差异化的人才捕获 …………………………………………………… 156

（五）推动人才分类及评价的市场化改革，充分保障和落实用人单位自主权 ………………………………… 157

（六）实施政策引才同时，注重打造高质化的创新创业人才生态系统，通过环境和文化聚才增强人才黏性 ……………………………………………………… 157

第六章 长三角地区国家级开发区人才发展案例 …………… 159

一、上海：张江国家自主创新示范区 ………………………… 160

（一）以世界级平台吸引高端人才，推动重点产业转型升级 ………………………………………………… 161

（二）推动"海外预孵化＋国际孵化器＋基金"的新型引智模式 ……………………………………………… 162

（三）先行先试平台，疏通外国人才引进制度中的"堵点""痛点" …………………………………………… 163

（四）"小政府、大社会"的改革思路探索新型社会化的人才服务模式 ……………………………………… 165

二、江苏：苏州工业园 ………………………………………… 167

（一）围绕产业链，坚持人才与产业对接 …………… 167

　　（二）围绕创新链，坚持人才、项目与资金对接 …… 169

　　（三）围绕人才链，坚持筑巢与引凤并举 …………… 170

　　（四）围绕生态链，注重亲商与亲才并举 …………… 172

三、浙江：杭州（滨江）高新技术开发区 ………………… 175

　　（一）创新人才引育发展机制，打造人才协同服务网 … 176

　　（二）创新新业态引才举措，推行人才战略专家伙伴

　　　　　公推制度 ……………………………………… 178

　　（三）赋能人才服务，搭建一体化的数字平台 ……… 179

　　（四）建设"美好生活共同体"，构建最优人才生态 … 180

四、安徽：合肥高新技术开发区 …………………………… 181

　　（一）推进"引才载体"建设，为人才创新创业搭建

　　　　　舞台 …………………………………………… 183

　　（二）实施"人才培育"工程，为人才成长提供肥沃

　　　　　土壤 …………………………………………… 185

　　（三）打造最优"养人"环境，为人才发展提供全面

　　　　　保障 …………………………………………… 186

第七章　全球科技人才流动新趋势与长三角国际人才高地
**　　　　建设** ……………………………………………… 189

一、全球科技人才竞争格局与人才政策趋势 …………… 189

　　（一）全球科技人才的竞争格局与总体趋势 ………… 189

　　（二）全球科技人才政策趋势 ………………………… 193

二、我国海外科技人才回流的主要趋势 ·················· 195
　(一)海外留学人员回流数量逐年增加,预计"十四五"
　　　期间回国人数将超过出国人数 ···················· 195
　(二)中高端人才回流数量继续增长,在国外有一定
　　　积累的人才回流比例显著上升 ···················· 196
　(三)海外精英回流已成大势所趋,美国成为中国AI
　　　领域最大人才回流来源 ···························· 196
三、长三角地区建设国际人才高地的总体思路 ·········· 197
　(一)国际人才高地的内涵 ································ 197
　(二)长三角地区打造国际人才高地的战略意义 ········ 199
　(三)长三角地区打造国际人才高地的对策建议 ········ 201

**第八章　世界著名创新型城市引进留住创新创业人才的经验
　　　　做法及启示** ·· 205
一、创新创业人才培养支持 ································ 205
二、创新创业人才资金支持 ································ 207
三、创新创业人才税收支持 ································ 209
四、创新创业人才平台支持 ································ 213
五、创新创业人才安居支持 ································ 216

第一章 新时代我国人才发展的新形势

在2020年全面建成小康社会后,我国进入全面建设社会主义现代化国家、向第二个百年奋斗目标进军的新发展阶段。2021年9月召开的中央人才工作会议,习近平总书记提出,"做好新时代人才工作,必须坚持党管人才原则,坚持面向世界科技前沿、面向经济主战场、面向国家重大需求、面向人民生命健康,深入实施新时代人才强国战略,全方位培养、引进、用好人才,加快建设世界重要人才中心和创新高地,为2035年基本实现社会主义现代化提供人才支撑,为2050年全面建成社会主义现代化强国打好人才基础"。[1] 党的二十大报告进一步强调,"深入实施人才强国战略""加快建设世界重要人才中心和创新高地,促进人才区域合理布局和协调发展,着力形成人才国际竞争的比较优势"。

在新发展阶段,加快建设世界重要人才中心和创新高地,是时代之需、战略所需。按照国家的战略部署,在北京、上海、粤港澳大湾区建设高水平人才高地,在一些高层次人才集中的中心城市建设吸引和集聚人才的平台,加快形成战略支点和雁阵格局。在国家的人才雁阵空间格局中,肩负着率先实践和引领社会主义现代化国家建设重任的长三角地区,更是因区域空间大、经济发展活跃、开放程度高、创新

---

[1] 习近平:《深入新时代人才强国战略加快建设世界重要人才中心和创新高地》,《求是》2021年第24期。

能力强、中心城市多等优势禀赋,更凸显出举足轻重的战略地位和全球影响力。

在新发展阶段,世界百年未有之大变局进入加速演变期,国际人才竞争格局也在发生重大变化。世界新一轮科技革命和产业变革迅猛发展,我们既面临难得历史机遇,又面临严峻挑战。国际经济形势更趋复杂多变,中美战略博弈仍将持续,甚至很有可能升级,美国动用逆全球化的国家管控工具干预全球产业竞争,并不断延伸到科技竞争、人才竞争等各个领域,这些都是我们建设世界重要人才中心和创新高地所要面对和应对的新形势新挑战。长三角地区具有鲜明的开放型经济特征,而且围绕建设世界级城市群,建设具有全球影响力的资源配置高地和科技创新策源高地的战略愿景,更要求长三角地区全面构建具有全球竞争力的人才开放生态,聚天下英才而用之,不断增强人才国际竞争的比较优势。

一、全球人才竞争新态势

建设世界重要人才中心和创新高地,就是要把我国社会主义现代化建设大业放在全球经济、全球治理演化变革的大趋势中。当今世界,一方面,科技革命和产业变革从互联网时代进入人工智能时代,从信息化与工业化深度融合时代进入数字化与绿色化深度融合时代,世界科学中心伴随着世界经济增长中心的转移,也在向亚洲转移,而且节奏在加快;另一方面,世界多极化格局凸显、新兴大国影响日增、"东升西降"趋势日益突出,但西方国家对新兴国家更加趋于采取战略性、战术性的阻挡措施,贸易保护主义抬头,"技术冷战"常态化,特别是美国对华遏制、强力阻止中国崛起和发展已经成为美国的一项长期国策,给当下以及未来的国际竞争格局带来深刻复杂的影响。在此背景下,全球的国际人才竞争也正呈现新的趋势与特点,主要体现为以下三个方面。

(一) 全球理工人才供求矛盾更加突出

数字化发展已经席卷全球,其中不仅有以人工智能、元宇宙、智能网联等为代表的新一代信息技术创新,不断培育壮大出一批新兴技术产业,还有数字化技术广泛应用,全面渗透到各行各业所造就的产业数字化巨大动能。可以说,数字化发展正在孕育出一场比互联网更加深刻的科技与产业变革,同时引发了新一轮的全球人才供求矛盾以及全球人才竞争。这一轮的全球人才供求矛盾,主要表现为对创新型人才、对理工科人才的更大需求。国际货币基金组织(IMF)、光辉国际(Korn Ferry)预测,到2030年,全球可能短缺8 500万技术人才。[1] 与此同时,第四次工业革命的技术正在迅速而戏剧性地改变工作的许多方面,这要求人们必须拥有新的、高度专业化的才能和技能。有预测显示,美国人才短缺在10年内增加了两倍多,其中信息技术、工程、会计和金融、建筑和客户支持专业人员等最为紧缺。[2] IBM对中国、美国、英国、欧盟、印度、新加坡和拉丁美洲的5 500多名商业领袖进行的调查显示,39%的人认为缺乏数字技能是采用人工智能的主要障碍。[3] 但在人才供给方面,发达国家都面临着老龄化、少子化的严峻挑战,都面临着理工教育生源供给不足的矛盾,而依靠发展中大国生源缓解人才供求矛盾的传统移民方式,因一些发达国家采取了防御性的逆全球化措施乃至冷战措施,导致理工人才供给趋紧。

---

[1] Pedro Nicolaci da Costa(2019), Tech Talent Scramble, Global Competition for A Limited Pool of Technology Workers is Heating up, *Finance & Development* | March 2019: 46.
[2] ManpowerGroup, http://manpowergroup.us/talent-shortages, 2020 - 02 - 07.
[3] David Sapsted(2021), Global Competition for Tech Talent Hots up, https://www.relocatemagazine.com/articles/global-competition-for-technology-talent-hots-up-dsapsted-su21.

(二) 把参与全球人才竞争上升到国家战略层面

施瓦布在其《第四次工业革命》一书中提出,面向第四次工业革命,关键的生产要素不是资本,而是人才。影响创新、竞争力和增长的因素更有可能是人才的匮乏,而不是资本的短缺。① 无论是发达国家,还是发展中国家,都把人才发展上升到国家战略层面,特别以美国为代表的一些西方发达国家,甚至把人才和科技因素作为其国家经济安全的关键变量,构建更加完整系统的人才战略。

美国在2017年国家安全战略报告中,专门把人才及其才能的发挥作为经济发展来源、生活品质提升的基础,强调要强化数据科学、加密、自动化、基因编辑、新材料、纳米技术、先进计算机以及人工智能等人才优势。同时,将持续吸引创新和发明人才、睿智和果敢人才,鼓励政府部门、学术界和私营部门科技人才通过全方位的探索来实现进步,改善科学、技术、工程、数学教育(STEM),加大高级技术人才引进,加大早期研发(R&D)投资等,作为人才发展的优先事项。②

英国在2020年7月提出设立国家"人才办公室",推动实施全球性人才吸引战略,简化全球顶尖科研和创新人才来英流程,开放无限额的"全球人才签证",大力延揽全球最优秀的科学家、研究人员和企业家。同时,设立3亿英镑基金支持科研机构吸引人才;推动权力下放,开展行政部门和主要利益相关者合作,共同制定全面的科研人才与文化新战略,以确保英国走在吸引、留住和培养多元化人才及团队的最前沿,以实现科学超级大国的愿景。③

---

① 参见[德]克劳斯·施瓦布:《第四次工业革命》,中信出版集团2016年版。
② D. Trump, *National Security Strategy of the United States of American*, Dec. 2017, The White House.
③ HM Government (2020), *UK Research and Development Roadmap*, Nationalarchives.gov.uk/doc/open-government-licence/version/3.

日本建立"综合创新战略",提出以人工智能相关人才培育为中心,培养更多年轻学者及科研人员。到2025年,日本人工智能人才要以年均1万人的速度保持增长,同时,未来培养40岁以下的科研工作者,日本提出要改变以往的"一刀切"制度,将薪资与成果挂钩,为重点项目提供充足科研资金,创造良性研究环境。①

韩国发布《2030实现人才强国跨越科技人才政策中长期创新方向》,提出要优化人才培养体系、活跃基础人才、激活多样化引才环境、加强人才政策创新,②制定《第4次科学技术人才培育支援基本计划(2021—2025)》,提出《2021年科学英才培养工作实施计划》,强调优化未来人才培育体系、扩大人才成长基础、优化人才吸引环境等三大创新战略方向,提出培育、成长、引进等三大战略,提高人才多样性,以此实现2030年人才强国的目标。③

(三) 全球人才竞争呈现对抗性态势

1997年,麦肯锡创造了"人才战争"这一术语,客观描绘了全球人才竞争的对抗性特征。全球人才竞争,从原来的"合作竞争",在竞争中造就比较优势的策略选择,转向了愈演愈烈的全面"防、打、压",在遏制别国发展中保持自身的竞争优势。

2017年美国公布《国家安全战略报告》的同时,司法部即建立"中国行动小组",对参加中国有关人才计划的美籍华裔学者展开"猎巫行动";2018年美国众议院通过《国防授权法案》的一项修正案,允许国防部终止向参与中国、伊朗、朝鲜或俄罗斯的人才计划的个人提供资金和

---

① 日本政府拟设立"综合创新战略"重点培养AI人才,环球网,2018年6月4日。
② 과학기술정보통신부:《2030 인재강국도약을 위한 과학기술인재정책 중장기 혁신방향(안)》,2020-06.
③ 과학기술정보:《2021 년도과학영재양성사업시행계획》,2021-02.

其他奖励。《2021年创新与竞争法案》的"强化科研安全"部分专门为中国量身定做了一些方案,包括禁止联邦科研人员参与以中国为首的外国政府人才招募计划,禁止中国参加本法案资助的项目,禁止有中国政府背景的实体参与基站建设,禁止国家科学基金会向与孔子学院合作的高校提供资金。美立法部门还在推动《安全校园法》《影响力法》《中国研究基金会计法》《防止小企业管理局援助进入中国法》等一系列法案,例如,禁止联邦雇员、合同雇员、独立承包商及有关人员等参与中国人才计划、开展合作。严防中国的人才、实体、资金进入美国,限制中国公民、学生参与敏感项目研究,阻止其访问受控技术数据,限制中国收购新兴技术或通过全球供应链及欧盟、"一带一路"沿线国家获取军民两用技术。[1]

二、新时代深入实施人才强国战略的新坐标

实施人才强国战略,是我国进入21世纪以来的一项重大战略部署。2001年发布的《中华人民共和国国民经济和社会发展第十个五年计划纲要》专章提出"实施人才战略,壮大人才队伍"。这是首次将人才战略确立为国家战略,将其纳入经济社会发展的总体规划和布局之中,使之成为其中一个重要组成部分。

2003年12月,中央召开第一次全国人才工作会议,通过了《关于进一步加强人才工作的决定》。这次会议提出了科学人才观的理念,确立了党管人才的原则,特别强调"新世纪新阶段人才工作的根本任务是实施人才强国战略""把我国建设成为人才资源强国"。

2010年5月,中央召开第二次全国人才工作会议,部署落实《国家

---

[1] US 117th Congress: *United States Innovation and Competition Act of 2021*, https://www.congress.gov/bill/117th-congress/senate-bill/1260.

中长期人才发展规划纲要（2010—2020年）》。这次会议确立了人才优先发展的战略布局，即人才资源优先开发、人才结构优先调整、人才投资优先保证、人才制度优先创新；提出到2020年，确立国家人才竞争比较优势，进入世界人才强国行列。该纲要首次对"人才"作了科学定义，即人才是指具有一定的专业知识或专门技能，进行创造性劳动并对社会作出贡献的人，是人力资源中能力和素质较高的劳动者，强调人才是我国经济社会发展的第一资源。

2021年9月，中央召开第三次全国人才工作会议。会议更名为"中央人才工作会议"，进一步凸显了党管人才原则，把人才工作摆在治国理政全局中的重要位置。这次会议上，习近平总书记作了题为"深入实施新时代人才强国战略，加快建设世界重要人才中心和创新高地"的重要讲话，深刻揭示了我国人才事业发展的内在规律，对新时代建设世界人才强国作出了新的重要战略部署。特别是，习近平总书记精辟概括了党的十八大以来人才工作"八个坚持"的新理念、新战略、新举措，即坚持党对人才工作的全面领导，坚持人才引领发展的战略地位，坚持面向世界科技前沿、面向经济主战场、面向国家重大需求、面向人民生命健康，坚持全方位培养用好人才，坚持深化人才发展体制机制改革，坚持聚天下英才而用之，坚持营造识才爱才敬才用才的环境，坚持弘扬科学家精神，是对党的十八大以来人才工作巨大成就和实践经验的理论升华，是做好新时代人才工作的科学指南和强大动力。

进入新时代，我们比历史上任何时期都更加接近实现中华民族伟大复兴的宏伟目标，也比历史上任何时期都更加渴求人才。特别是，面对"百年未有之大变局"，在社会主义现代化强国建设的"两步走"总体战略安排中，更加突出了创新驱动发展、高质量发展和高水平科技自立自强的战略行动，更加突出了人才的基础性、战略支撑作用。新时代深入实施人才强国战略,在四个方面有了新坐标。

一是新时代实施人才强国战略的指导思想有了新坐标。这就是人才引领发展。在2018年5月召开的中国科学院第十九次院士大会、中国工程院第十四次院士大会上,习近平总书记鲜明提出,"牢固确立人才引领发展的战略地位,全面聚集人才,着力夯实创新发展人才基础",他强调,"坚持创新驱动实质是人才驱动""硬实力、软实力,归根到底要靠人才实力。全部科技史都证明,谁拥有了一流创新人才、拥有了一流科学家,谁就能在科技创新中占据优势"。在2018年7月召开的全国组织工作会议上,习近平总书记进一步提出:"当前,全球范围内新一轮科技革命和产业变革蓬勃兴起,世界各国都在抢抓机遇,国际人才争夺日趋白热化。我们必须加快实施人才强国战略,确立人才引领发展的战略地位,努力建设一支矢志爱国奉献、勇于创新创造的优秀人才队伍。"根据《国家中长期人才发展规划纲要(2010—2020年)》中期评估相关结论,至2017年年末,我国人才优先发展战略布局基本落地实现,人才优先发展社会共识全面形成、人才优先发展顶层设计突出强化、人才优先发展战略体系贯彻执行、人才优先发展引领作用突出显现。① 按照党的十九大部署,在2020年全面建成小康社会后,我国将开启全面建设社会主义现代化国家新征程。正是在中国特色社会主义进入新时代、开启新征程背景下,深入实施新时代人才强国战略的指导思想有了新的升华、新的坐标,这就是"人才引领发展"和"人才引领驱动"。

二是新时代实施人才强国战略的发展目标有了新坐标。这就是加快建设世界重要人才中心和创新高地,为2035年基本实现社会主义现

---

① 孙锐:《新时代人才事业的历史性成就与变革》,《人民论坛》2021年9月号(上)。

代化提供人才支撑,为2050年全面建成社会主义现代化强国打好人才基础。这是以习近平同志为核心的党中央对深入实施人才强国提出的新目标,是基于我国既面临难得历史机遇,又面临严峻挑战,所作出的新的重大战略抉择。"我们的目标是:到2025年,全社会研发经费投入大幅增长,科技创新主力军队伍建设取得重要进展,顶尖科学家集聚水平明显提高,人才自主培养能力不断增强,在关键核心技术领域拥有一大批战略科技人才、一流科技领军人才和创新团队;到2030年,适应高质量发展的人才制度体系基本形成,创新人才自主培养能力显著提升,对世界优秀人才的吸引力明显增强,在主要科技领域有一批领跑者,在新兴前沿交叉领域有一批开拓者;到2035年,形成我国在诸多领域人才竞争比较优势,国家战略科技力量和高水平人才队伍位居世界前列。"[1]科技进步是主导百年变局的基本力量。只有科技自立自强、人才驱动创新,才能实现中国式现代化和中华民族伟大复兴。新时代我国人才强国的战略目标已经从以往着力于建设规模宏大的人才队伍和各类人才队伍的均衡发展,上升为着力培育和集聚世界一流人才,建设国家战略人才力量和高水平人才队伍,为创新驱动高质量发展和世界创新高地奠定坚实的人才基础。

三是新时代实施人才强国战略的任务重点有了新坐标。这就是建设战略人才力量;在北京、上海、粤港澳大湾区建设高水平人才高地,在一些高层次人才集中的中心城市,加快形成战略支点和雁阵格局;走好人才自主培养之路,提高人才供给自主可控能力。习近平总书记指出,"要把建设战略人才力量作为重中之重来抓"。战略人才,就是站在国际科技前沿、引领科技自主创新、承担国家战略科技任务的科技创新人

---

[1] 习近平总书记2021年9月27日在中央人才工作会议上的讲话。

才,是支撑我国高水平科技自立自强的重要力量。战略人才主要包括战略科学家、一流科技领军人才及其创新团队、青年科技人才、卓越工程师等专业力量。战略人才力量主要分布在体现国家竞争实力、支撑新动能新优势形成壮大的科技创新领域,包括当前卡脖子的前沿领域和关键领域,以及面向未来的前沿科技、新型前沿交叉领域。

四是新时代实施人才强国战略的制度创新有了新坐标。这就是坚持党管人才原则,进一步深化人才发展体制机制改革,构筑具有国际竞争力的人才制度优势。习近平总书记提出,"党的十八大以来,我们在改革人才培养、使用、评价、服务、支持、激励等机制方面下了很大功夫,取得了积极成效。同时,人才发展体制机制改革'破'得不够、'立'得也不够,既有中国特色又有国际竞争比较优势的人才发展体制机制还没真正建立"。[①] 因此,要进一步破除"官本位"、行政化的传统思维和做法,向用人主体授权,为人才松绑,完善人才管理制度,推行责任制、揭榜挂帅、领取制等新的项目管理模式与机制,激活用人主体和人才内在活力;要进一步破除"四唯",完善人才评价体系,着眼于更好支撑实现高水平科技自立自强,按照创新活动类型构建以创新价值、能力、贡献为导向的人才评价体系;要促进人才工作数字化转型,提供精准精细的人才服务,构建人才服务链与人才创新创业链深度融合的体系和配套机制。

三、新时代深入实施人才强国战略的新举措

新时代就是要以中国式现代化全面推进中华民族伟大复兴。围绕新时代深入实施人才强国战略的新坐标,特别是围绕建设世界重要人才中心和创新高地的战略决策,将进一步采取一系列重大的积极举措。

---

① 习近平总书记2021年9月27日在中央人才工作会议上的讲话。

主要包括以下四个方面。

(一)大力建设国家战略人才力量,打造科技自主创新主力军

党的二十大报告提出,加快建设国家战略人才力量,努力培养造就更多大师、战略科学家、一流科技领军人才和创新团队、青年科技人才、卓越工程师、大国工匠、高技能人才。要把国家战略人才作为赢得国际人才竞争主动的战略资源,聚焦"硬核科技"领域,聚力打造"硬核力量"。其中,突出抓住、抓好国家战略人才力量的顶尖和基底,就是要更加重视战略科学家这个"关键少数"的发现、培养、引进和使用,更加重视青年科技人才这个"源头活水"的扶持和激发。

当前,全球进入大科学时代,科学研究的复杂性、系统性、协同性显著增强,战略科学家的重要性日益凸显。要在国家重大科技任务担纲领衔者中发现具有深厚科学素养、长期奋战在科研第一线,视野开阔,前瞻性判断力、跨学科理解能力、大兵团作战组织领导能力强的科学家,为战略科学家搭建国家重大创新平台、实施特殊政策,支持他们发起大科学计划,建立健全战略科学家负责制,完善科学家本位的科研组织体系,发挥他们引领重大原始创新、突破关键核心技术和培养领军人才及其创新团队的帅才作用。加强战略科学家成长梯队建设,在科技创新领军人才中及时发现和培养更多具有战略科学家潜质的高层次复合型人才。

立足长远,遵循人才成长规律,为青年科技人才创造更好的成长条件。重视解决青年人才从校门走向社会后事业起步阶段通常遇到的缺资源、缺机会、生活压力大等"成长困惑",切实为他们提供必要且体面的工作条件和生活条件,通过"揭榜挂帅""赛马"等机制,让他们有更多机会挑大梁、当主角,加快成就事业。完善优秀青年人才全链条培养制度,一方面,发挥大学、科研院所的研究生接续培养作用和博士后接续

培养作用,并要打破传统职称评审框框,从企业遴选一批高水平导师充实带教力量;另一方面,要加强"干中学"培养,在一批高科技大企业,通过产学研紧密合作,组建企业大学和新型研发平台,建立边干边学的灵活机制,赋予其专业类研究生学历学位授予权,发挥大企业在培养科技领军人才、青年科技人才、卓越工程师、高技能人才中的积极作用。

(二)优化人才空间布局,聚力打造世界重要人才中心的强劲支撑点

重点在两个层面,即北京、上海、粤港澳为第一层面,各个中心城市为第二层面,推动国家战略人才力量的进一步集聚,在建设世界重要人才中心和创新高地中发挥主力军作用。积极打造以北京、上海、广深为头雁的三大雁阵,即京津冀雁阵、长三角雁阵、粤港澳雁阵,发挥高水平人才高地的引领作用,进一步聚合城市群力量,建设一批国际一流的创新平台,率先推进人才发展体制机制改革,实施更加积极开放的引才政策,努力建设具有世界影响力的人才创新雁阵。

依托国家综合性科学中心和国家自主创新示范区,实施人才高地示范区建设行动。在北京、上海、广深设置高水平人才高地示范区,加强国家综合性科学中心建设,进一步加大基础科学领域、关键核心技术领域的重大设施布局、重大项目攻关、重要人才政策综合改革试点,形成更具国际竞争力和吸引力的创新生态。在其他科创资源集中、经济总量大的中心城市,如合肥、重庆、天津、南京、杭州、苏州、武汉、成都、长沙、郑州、济南、福州等地[①],进一步建设吸引和集聚战略科技人才的国家级创新平台和各类新型创新平台,形成更加强劲的创新实力和活

---

① 这里主要选择了2021年GDP总量超万亿元的省会城市。

力,增强支持和协同头雁城市的支撑力。

在人才高地示范区,面向全球,实施更加积极开放的引才政策,建设国际一流的人才创新平台。吸引世界顶级科学家到中国开展科技创新活动,吸引国际组织以及世界知名的科技、企业、人才组织到中国来设立分支机构,依托我国发起国际大科学计划,参照上海自贸区临港新片区、虹桥国际开放枢纽、海南自由贸易港等开放最前沿地区的制度性开放实践,推动外籍高层次人才永久居留、入境工作就业的便利化,大幅降低门槛、简化申报程序;开展执业资格国际互认,允许具有境外执业资格的金融、建筑、设计、医疗等领域符合条件的专业人才提供服务;探索建立研发特区,对从事前沿科技研发的研发机构,提供进口仪器设备和试验材料、引进人才、申报研发项目、加大激励等方面的绿色通道。

(三) 深化人才发展体制机制改革,不断增强人才国际竞争的比较优势

要把深化人才发展体制机制改革,持续激发人才活力,作为增强人才国际竞争比较优势的重要抓手。习近平总书记指出,"党的十八大以来,我们在改革人才培养、使用、评价、服务、支持、激励等机制方面下了很大功夫,取得了积极成效。同时,人才发展体制机制改革'破'得不够、'立'得也不够,既有中国特色又有国际竞争比较优势的人才发展体制机制还没真正建立。要坚持问题导向,着力解决多年困扰、反映强烈的突出问题"。要对标国际最先进、最有效,建立适应科技自立自强、人才引领驱动、高质量发展的人才制度体系。这主要集中在如下三个方面。

一是向用人主体充分授权。重点改革高校、科研院所等体制内用人主体的人才管理制度,切实破除"管家"思维,下放该下放的权力,全

面取消涉及用人单位内部编制统筹、岗位聘用管理、日常经费使用、人员考核激励等方面的不合理限制，充分发挥用人主体在人才培养、引进、使用中的积极作用。同时要建立有效的自我约束和外部监督机制，确保用人主体接住、用好下放权限，切实履行好主体责任。特别要深化科研经费管理制度改革，落实包干制，提高间接费用比例，改进财务报销管理方式。

二是积极为人才松绑、解绑。遵循人才成长规律和科研规律，进一步破除"官本位"、行政化的传统思维，建立人才本位、科学家本位的人才管理制度，信任人才、尊重人才、善待人才、包容人才。赋予科学家、首席专家、项目负责人更大技术路线决定权、更大经费支配权、更大资源调度权，充分释放他们的才华和能量。同时，要建立健全责任制和"军令状"制度，确保科研项目取得成效。要让人才合理合法享有创新收益，在科研经费的分配使用、创新成果转让的收益分配、人才的股权期权激励、人才奖励等方面，建立更加符合创新规律和最大限度激发人才活力的激励机制。

三是完善人才评价体系。坚决破除唯论文、唯职称、唯学历、唯奖项"四唯"现象，建立健全以创新能力、质量、实效、贡献为导向的人才评价体系。坚持推进分类评价，形成并实施有利于各类人才潜心研究和创新的评价体系。进一步破除在职称评审、奖励评价、岗位晋级、人才计划评价、项目评审中的官僚决定制、"老人评新人"、伪同行评议、关系评议等问题。2022年11月，科技部、教育部等八部门印发《关于开展科技人才评价改革试点的工作方案》，提出着眼于更好支撑实现高水平科技自立自强，以"破四唯"和"立新标"为突破口，以深化改革和政策协同为保障，按照创新活动类型构建以创新价值、能力、贡献为导向的科技人才评价体系。承担国家重大攻关任务的科技人才的评价，以支撑服务国家重大战略需求为导向；基础研究类人才的评价，以学术贡献和创新价值为导向；应用研究和技术开发类人才的评价，以技术突破和产业贡献为导向；社会公益研究类人才的评价，主要以服务支撑能力和社会贡献为导向。

（四）全面提高人才自主培养质量，厚植高水平科技自立自强根基

习近平总书记指出，"培养人才是国家和民族长远发展的大计，当今世界人才的竞争首先是人才培养的竞争。中国是一个大国，对人才数量、质量、结构的需求是全方位的，满足这样庞大的人才需求必须主要依靠自己培养，提高人才供给自主可控能力"。要加强基础学科、新兴学科、交叉学科建设，对标世界顶尖大学、顶尖实验室、顶尖学科，改革教学体系和教材体系，培养和引进顶尖师资力量，加快提升自主培养科技自立自强人才的能力，大力建设中国特色、世界一流的大学和优势学科。

要更加重视理科建设，加快培养基础研究拔尖人才。着重解决基础研究人才数量不足、质量不高、队伍不稳的问题。建立基础研究人才全周期递进式培养，深化博士研究生教育，加大基础研究持续性项目投入，改善基础研究人才的收入待遇与安居条件，稳定和扩大基础研究人才队伍，挖掘优秀青年人才，造就拔尖人才。

执笔：王振（上海社会科学院）

第二章　长三角地区人才发展状况

党的十八大以来,我国人才队伍快速壮大,全国人才资源总量突破2.2亿人,各类研发人员全时当量达到480万人年,位居世界第一。同时人才效能持续增强,对经济社会发展的贡献逐年提升,人才比较优势稳步增加,研发经费投入达到2.44万亿元,位居世界第二。站在新的历史起点上,我国已经拥有一支规模宏大、素质优良、结构不断优化、作用日益突出的人才队伍。

长三角地区作为我国经济发展最活跃、开放程度最高、创新能力最强的区域之一,对引领全国高质量发展、建设现代化经济体系意义重大。近年来,长三角地区经济总量一直处于稳步上升阶段,区域内大中小城市齐头并进,是中国经济发展的重要增长极。长三角地区良好的经济社会基础为人才发展提供了有力支撑,人才发展的总体趋势向好。"十四五"期间,国际国内形势正在发生深刻变化,经济全球化面临巨大不确定性,新一轮科技革命和产业变革兴起,产业迭代融合加速,国内经济下行压力持续增加,同时人口形势也正发生较大变化,人口老龄化趋势明显,青年劳动力供给规模持续下降,使长三角地区人才发展面临新的挑战。本章将在回顾长三角地区人才事业发展形势的基础上,对区域内的人才资源分布情况和人才资源流动情况进行分析。

一、长三角地区人才发展的总体形势

近年来,长三角地区人才发展的总体形势向好,一方面,良好的经济社会基础为人才引进和集聚提供了坚实保障；另一方面，长三角地区普遍重视创新发展，高新技术产业的稳步增长为人才事业发展提供了更多就业岗位和施展舞台。

(一) 经济社会基础发展状况

良好的经济和社会发展状态是长三角地区人才发展的重要基础。从人均生产总值的发展形势来看，上海、江苏、浙江的人均生产总值一直高于全国平均水平，2020年上海人均生产总值达到15.58万元，在长三角地区排名第一，江苏和浙江紧随其后，人均生产总值分别达到12.12万元和10.06万元。安徽2020年人均生产总值低于全国平均水平，仅6.34万元，但近年来的增速一直高于全国平均水平，表现出较好的发展潜力（如图2-1所示）。

从人均可支配收入的发展形势来看，上海、浙江、江苏的人均可支

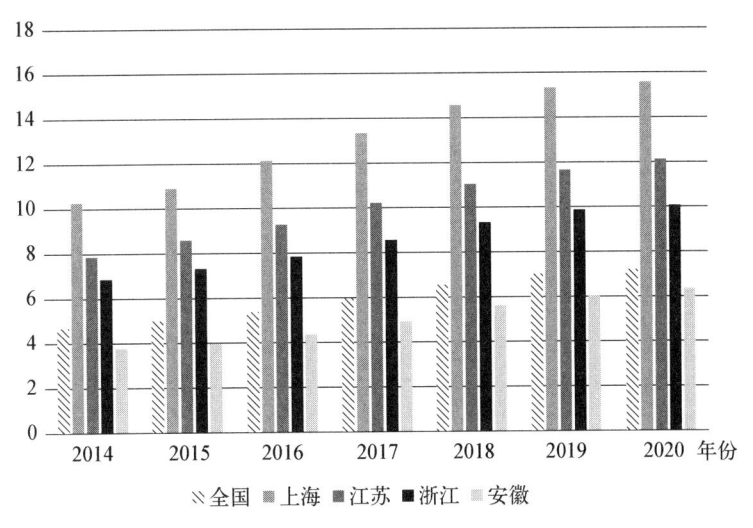

图2-1 2014—2020年全国和长三角地区人均生产总值（万元）

数据来源：根据地方统计年鉴整理。

配收入高于全国平均水平,2020年上海人均可支配收入达到7.22万元,在长三角地区居于首位,浙江和江苏分列第二、第三位,人均可支配收入分别达到5.24万元和4.34万元。而安徽2020年人均可支配收入为2.81万元,相较全国水平而言仍有一定差距,但每年的增长态势稳健,增速高于全国水平(如图2-2所示)。

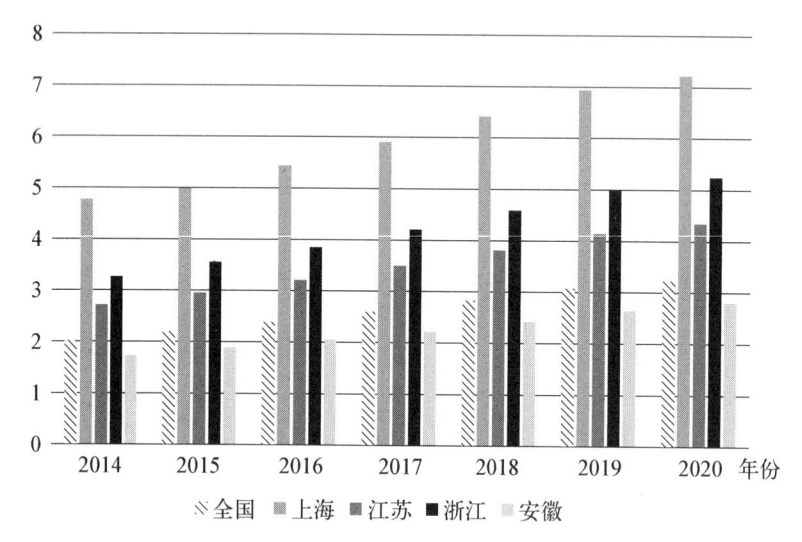

图2-2 2014—2020年全国和长三角地区人均可支配收入(万元)
数据来源:根据地方统计年鉴整理。

从长三角地区三省一市发展情况看,近年来长三角地区的总体经济增速好于全国平均水平,但区域内三省一市之间仍存在较大差异,安徽省的经济社会发展基础相对滞后于江苏、浙江,但近年来一直保持较好的增长态势;上海市的经济社会发展基础一直处于领先地位,但近年来增速有所放缓。

(二)人才事业发展形势

长三角地区是我国创新能力最强的区域之一,在国家现代化建设大局和全方位开放格局中具有举足轻重的战略地位。近年来，长三角地区的产业创新发展呈现逐年加速态势，为人才事业发展提供了源动力，以有力的产业发展实现了用好、留住人才的目标。

根据南京大学长江产业经济研究院发布的《长三角产业创新发展报告：分布与协同》，2020年，长三角地区高新技术企业数量已经超过7万家，最近8年的年均增长率超过50%，表现出强劲的增长势头。其中，江苏省高企数量最多，约占长三角地区总量的40%，浙江紧随其后，占比达到28%，上海位居第三，占比约为21%，安徽排名垫底，占比为11%左右。从制造业高新技术企业的发展态势来看，技术密集型行业一直是长三角地区制造业的主导类型，资本密集型和劳动密集型的高企数量占比略有增加，同时制造业高企在区域分布上表现为以上海为中心的双轴产业带，即向西沿长江发展的"沪宁合产业带"以及向南沿东海岸线发展的"沪杭甬瓯产业带"。从生产性服务业高企发展态势来看，五类产业发展不均，其中科学研究和技术服务业(68.9%)与计算机服务和软件业(24.9%)占比最高，同时生产性服务业高企在区域分布上呈现出"点状极化"分布特征，以上海、南京、杭州、合肥为四个极点，加上苏州和无锡两个卫星点，这一特征与制造业高企的分布格局有显著区别，因此可以观察到长三角地区城市产业发展的重点各不相同。

长三角地区产业创新发展的良好态势有效推进了人才事业发展。从就业情况看，近年来长三角地区三省一市的就业人员规模都呈稳步增长态势，仅安徽省2020年就业人员数量有所下降（如图2-3所示）。受到新冠肺炎疫情、经济下行压力、各类自然灾害的影响，长三角地区近期就业形势经受了一定冲击，抗疫情、稳就业成为各地政府人力资源保障工作的重要目标。从2020年新增就业的情况来看，年末上海正规就业1 050.89万人,全年新增就业岗位57.04万个,帮扶引领成功创业12 546人,其中青年大学生9 414人。江苏省全年城镇新增就业132.77万人,支持36.01万人成功自主创业并带动就业138.59万人,其中引领大学生创业4.93万人,扶持农民创业11.87万人。浙江省城镇新增就业人数111.81万人,发放创业担保贷款33.8亿元,扶持创业4.2万人。安徽省城镇新增就业66.26万人,全年累计向1.65万户中小微企业发放补贴1.12亿元,新增就业岗位11.14万个。

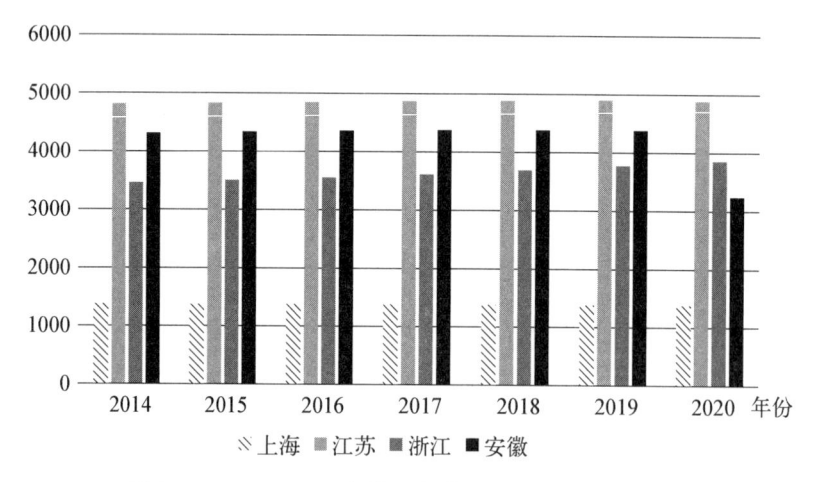

图2-3 2014—2020年长三角地区就业人员数量(万人)

数据来源:根据地方统计年鉴整理。

党的十八大以来,长三角地区经济社会发展走在全国前列,人才发展也取得了显著成效。2020年上海各类人才资源总量达675万人,获得国家科学技术奖数量占全国的比例连续19年保持10%以上,在《自然》《科学》《细胞》三大国际顶级学术期刊发表论文数量占全国总数超过25%。江苏省高层次人才资源总量稳步增长,劳动人员素质显著提升,专业技术人才和高技能人才资源总量分别增长到884万人和455万人,较2019年分别增长7.1%和9.6%,位居全国第一。浙江省每万人发明专利授权量从2015年的12.9件增长到2020年的32件;高新技术产业增加值占规上工业的比重从2015年的37.2%增长到2020年的59.6%;全员劳动生产率从11.7万元/人增长到16.6万元/人,年均增速7.2%。截至2019年底,安徽省人才资源总量达901.2万人,其中高层次人才达到26.7万人。

二、长三角地区人口、劳动力与人才分布状况

在人口分布方面,根据第七次人口普查公布的数据,截至2020年末,长三角地区常住人口总量已经达到2.35亿人,比2010年增加了1961万人,占全国人口的比重也上升至16.7%。同时,长三角地区人口正在向都市圈核心区域高度集聚,外围区域人口规模增幅相对较小,上海常住人口接近2500万人,苏州、杭州常住人口规模超过千万,温州、宁波、合肥、南京、徐州的城市常住人口规模则超过900万,而以盐城、淮南、安庆、铜陵等为代表的长三角外围区域人口呈现负增长态势。

在劳动力分布方面,长三角地区15—59岁人口的比重为64.45%,高于全国平均水平1.1个百分点,表明长三角地区具有较强的人才吸引力。其中,浙江和上海15—59岁的人口比重高于长三角地区平均水平,分别达到全省/全市人口的67.86%和66.82%,而江苏和安徽该区间的人口比重则低于长三角地区平均水平,分别达到全省人口的62.95%和61.96%(如表2-1所示)。

此外,长三角地区劳动力素质近年也有明显改善,但省市之间依旧存在一定差异。根据第七次人口普查的结果,2020年上海和江苏15岁及以上人口平均受教育年限分别为11.81年和10.21年,高于全国平均水平;而浙江和安徽15岁及以上人口平均受教育年限分别为9.79年和9.35年,略低于全国平均水平(如图2-4所示)。

表 2-1　2020 年全国和长三角地区人口年龄结构情况

区域	人口比例			
	0—14 岁	15—59 岁	60—64 岁	65 岁及以上
全　国	17.95%	63.35%	18.70%	13.50%
长三角	15.20%	64.45%	20.35%	15.10%
上　海	9.80%	66.82%	23.38%	16.28%
江　苏	15.21%	62.95%	21.84%	16.20%
浙　江	13.45%	67.86%	18.70%	13.27%
安　徽	19.24%	61.96%	18.79%	15.01%

数据来源：根据全国和地方第七次人口普查公开数据整理。

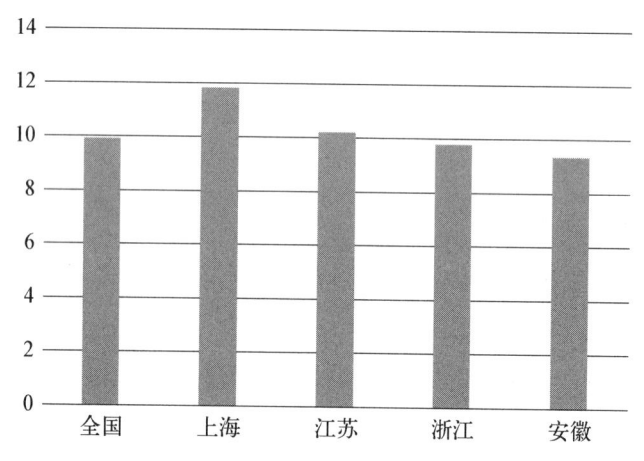

图 2-4　2020 年全国和长三角地区 15 岁及以上人口平均受教育年限

数据来源：根据全国和地方第七次人口普查公开数据整理。

在就业人员分布方面，2020 年长三角地区就业人员总量达到约 1.34 亿人，占全国的 17.81%。其中第一产业比重为 12.9%，第二产业比重为 38.18%，第三产业比重为 48.91%。与全国就业人员结构相比，长三角地区第二产业就业人员比重显著高于全国水平,第三产业就业人员比重与全国水平较为接近。进一步地,长三角地区三省一市的就业人员行业分布情况也存在较大差异。上海第三产业比重(65.43%)明显高于其他区域,而第一产业比重却不足2%,显示出明确的发展侧重。江苏的就业人员行业分布与长三角地区的总体情况最为接近。浙江在第二产业和第三产业上的分布较为均衡,分别为43.87%和50.74%,且第三产业呈现逐年扩大趋势。安徽就业人员在第一产业和第二产业的比重分别为25.13%和31.45%,均略高于全国水平,第三产业比重为43.42%,低于全国和长三角地区总体水平(如表2-2所示)。

表2-2 2020年全国和长三角地区就业人员行业分布情况

区域	就业人员（万人）	第一产业 人数（万人）	第一产业 占比（%）	第二产业 人数（万人）	第二产业 占比（%）	第三产业 人数（万人）	第三产业 占比（%）
全国	75 064	17 715	23.60	21 543	28.70	35 806	47.70
长三角	13 367	1 725	12.90	5 104	38.18	6 538	48.91
上海	1 374	27	1.97	448	32.61	899	65.43
江苏	4 893	675	13.80	1 944	39.73	2 274	46.47
浙江	3 857	208	5.39	1 692	43.87	1 957	50.74
安徽	3 243	815	25.13	1 020	31.45	1 408	43.42

数据来源:根据地方统计年鉴整理。

在人才分布方面,总体而言,长三角地区人才资源总量呈现稳步提升态势,但鉴于各省市间的经济社会发展基础、产业创新发展态势、生活文化环境等方面存在一定差异,致使长三角地区省市间的人才资源分布呈现较为明显的非均衡特点。从2020年的统计数据来看,浙江的人才资源总量规模最大,约有1 400万人;江苏紧随其后,人才资源总量超过1 300万人;此外,安徽和上海的人才资源总量分别为900万人和675万人左右(如图2-5所示)。长三角地区人才资源大约占全国总量的1/4。

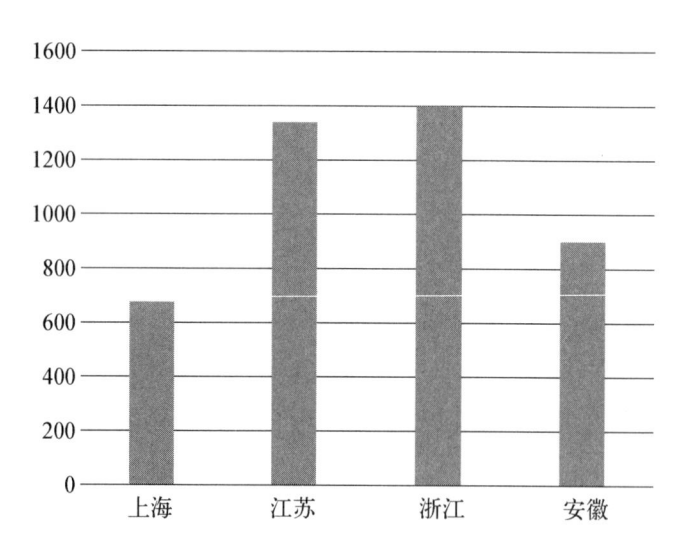

图2-5 2020年长三角地区人才资源总量(万人)

数据来源:根据地方人力资源和社会保障事业发展统计公报整理。

从长三角地区城市层面的人才资源密度来看(如图2-6所示),浙江省主要城市的每万人人才资源数量最多,其中宁波、金华、杭州、绍兴、湖州、嘉兴在长三角地区分别排在第一、二、六、七、九、十名,在前十位中占据六席,表现出明显优势。上海每万人人才资源数量排名第三,显示出较高的人才资源密度。江苏省内部人才资源密度的地区差异性较大,苏州、常州的排名进入长三角地区前十位,而淮安、宿迁的排名则相对靠后。安徽省在人才资源密度方面的整体表现较差,芜湖、铜陵、合肥的排名较为靠前,但排名后十位的城市几乎都在安徽境内,其中六安、阜阳、亳州的排名垫底。

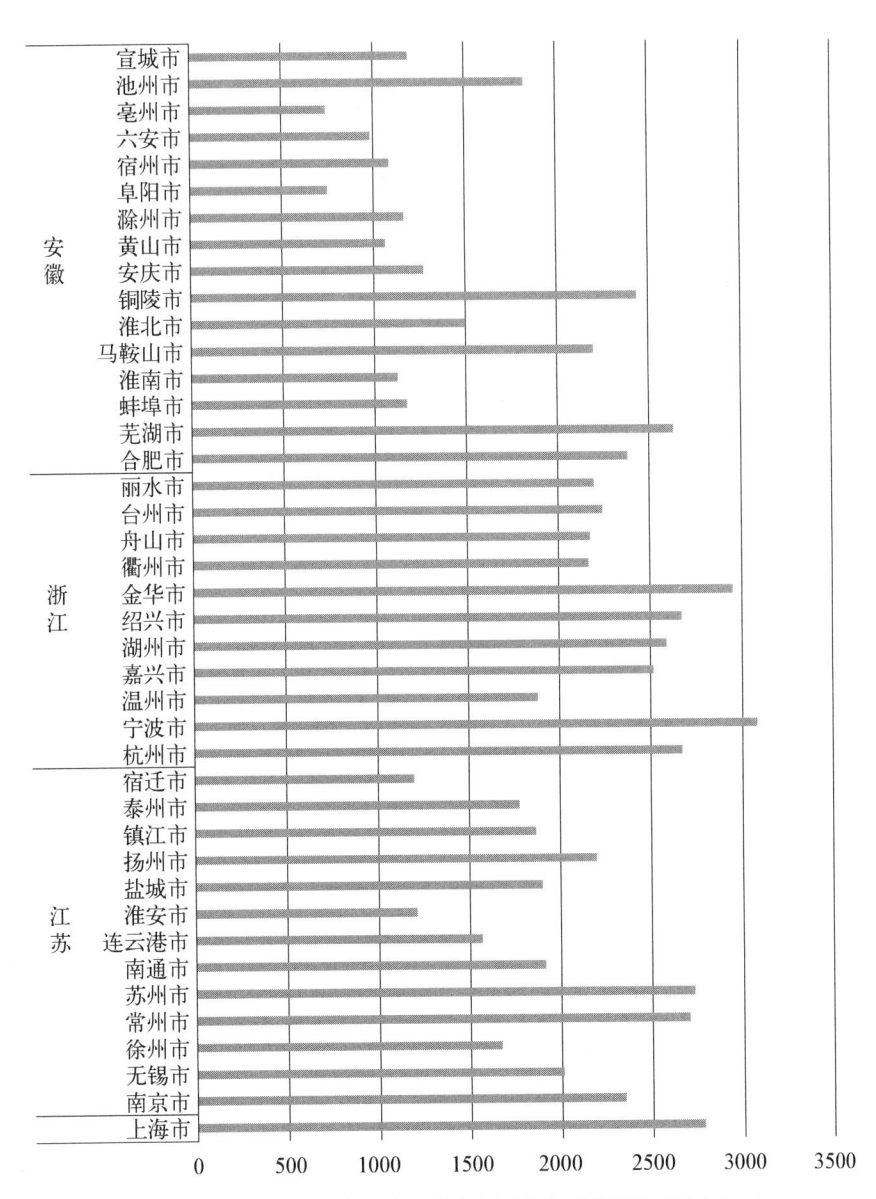

图 2-6 长三角地区主要城市每万人人才资源数量(人)

数据来源：根据地方人力资源和社会保障事业发展统计公报计算整理。

三、长三角地区人才资源流动状况

长三角地区一直是我国重要的人才集聚地。《中国城市人才吸引力排名2022》显示,[①] 2021年长三角地区人才流入占比为20.9%,人才流出占比为13.4%,人才净流入占比为7.4%,且人才净流入规模高于其他地区,表明长三角地区具有很强的人才吸引力,国内人才进一步向长三角地区集聚。进一步地,以上海、杭州、苏州、南京为例考察长三角地区代表性城市的人才流动状况,如图2-7所示。

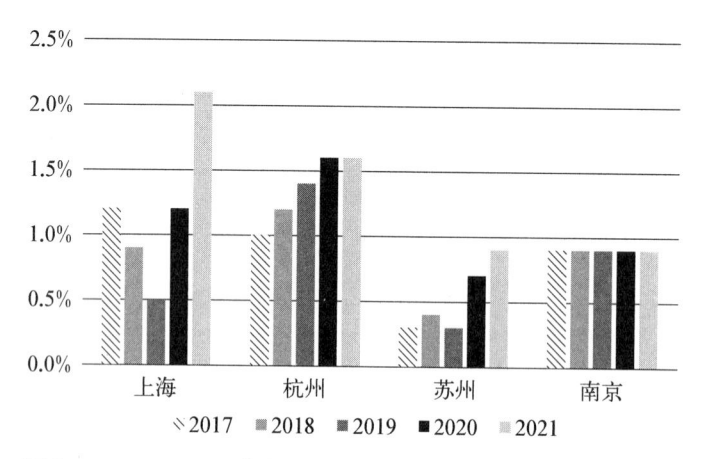

图2-7　2017—2021年长三角地区主要城市人才净流入占比(%)

数据来源:智联招聘、任泽平团队:《中国城市人才吸引力排名2022》。

其中,上海2021年人才净流入占比为2.1%,较2020年有明显增长,表明近年来上海促进经济发展、放宽落户限制的举措有效减少了人才流出。上海人才流入来源地主要包括北京、苏州、郑州、南京、成都等地,人才流出去向地主要包括北京、苏州、杭州、深圳、南京等地,可见北京是上海最重要的人才流入与流出城市,且上海与长三角地区城市之

---

① 智联招聘、任泽平团队:《中国城市人才吸引力排名2022》,https://new.qq.com/rain/a/20220524A04QFG00。

间的人才来往频繁。杭州2021年人才净流入占比为1.6%,有逐年攀升态势,近年来杭州互联网新兴商业模式快速发展,人才吸引力稳居全国前列。杭州人才流入来源地主要包括北京、上海、郑州、西安、南京等,人才流出去向地多为长三角地区城市(约占30.5%),表明杭州人才的来源地更加多元、引才范围较为广泛,且人才主要向长三角地区流动,区域内交流密切。苏州2021年人才净流入占比为0.9%,整体上呈现上升趋势,表明人才集聚态势良好。苏州人才流入来源地主要包括上海、南京、北京、无锡、南通等,人才流出去向地大多为长三角地区城市(约占39.2%),显示出苏州与长三角地区城市之间的人才交往十分紧密,且制造业人才流动性明显高于其他城市。南京2021年人才净流入占比约为0.9%,近年来一直保持稳定态势。南京人才流入来源地主要包括北京、上海、苏州、合肥、徐州等,人才流出去向地以长三角地区城市为主(约占40.3%),南京与长三角地区其他城市表现出的频繁互动,部分原因在于南京高校资源丰富,人才因求学汇聚于宁,毕业后至长三角地区就业。

在此基础上,对长三角地区高水平人才的流动情况进行考察。本研究采用清华经管互联网发展与治理研究中心、上海科学技术政策研究所、领英中国联合发布的《长三角地区数字经济与人才发展研究报告2021》数据,[1]以在整体劳动力中具备高学历、高技能的劳动力群体为研究对象,选取领英数据库(截至2018年8月)中本科以上学历的人才样本49.5万人作为高水平人才的分析材料。

首先,考察高水平人才在国内的流动情况,图2-8描述了长三角地区主要城市高水平人才的国内流入流出比。长三角地区的总体流入

---

[1] 清华经管互联网发展与治理研究中心、上海科学技术政策研究所、领英中国:《长三角地区数字经济与人才发展研究报告2021》,http://www.sistp.org.cn/info/3172.html。

流出比为1.06,表明长三角地区对高水平人才具有吸引力,呈现人才净流入态势。其中,上海的流入流出比为1.41,杭州的流入流出比为1.1,在长三角地区排名居前,显示出较好的高水平人才集聚态势。而宁波、金华、南京、苏州、无锡、常州、合肥的流入流出比均低于1,高水平人才吸引力仍有上升空间。

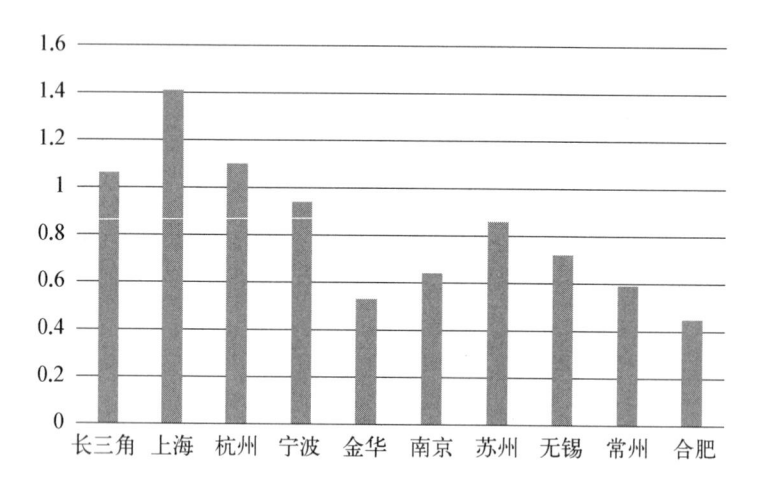

图 2-8 2018年长三角地区主要城市高水平人才国内流入流出比

数据来源:清华经管互联网发展与治理研究中心、上海科学技术政策研究所、领英中国:《长三角地区数字经济与人才发展研究报告2021》。

具体地,对上海、杭州、宁波、金华、南京、苏州、无锡、常州、合肥高水平人才的国内流入流出情况进行了分析,如表2-3所示。从全国范围来看,长三角地区高水平人才的主要流入地和主要流出地基本一致,排名靠前的城市分别是北京、深圳、广州、武汉、成都,且流入流出占比的集中度较高,显示出长三角地区城市对北京等地的高水平人才具有较高的吸引力。

其次,考察高水平人才在长三角地区内部的流动情况,如图2-9所示。其中,上海、宁波、杭州的高水平人才流入流出比分别是1.5、

表 2-3　2018 年长三角地区主要城市高水平
人才的国内流入流出地排名

城市	排名	1	2	3	4	5
上海	流入来源	北京	深圳	广州	武汉	成都
		28.69%	7.58%	7.06%	4.93%	4.7%
	流出去向	北京	深圳	广州	成都	武汉
		25.38%	12.90%	6.71%	5.15%	3.84%
杭州	流入来源	北京	深圳	温州	武汉	广州
		21.12%	9.05%	6.85%	5.72%	5.22%
	流出去向	北京	深圳	温州	广州	成都
		20.50%	11.19%	5.95%	5.59%	3.60%
宁波	流入来源	北京	深圳	温州	武汉	成都
		12.58%	8.61%	7.62%	4.30%	3.64%
	流出去向	深圳	北京	温州	广州	武汉
		11.20%	9.18%	4.98%	4.35%	3.58%
金华	流入来源	深圳	温州	广州	北京	成都
		9.77%	9.04%	7.89%	6.02%	3.76%
	流出去向	深圳	温州	北京	西安	南昌
		11.07%	5.73%	4.15%	3.56%	2.96%
南京	流入来源	北京	深圳	徐州	武汉	广州
		18.27%	6.69%	5.71%	4.73%	4.16%
	流出去向	北京	深圳	徐州	广州	成都
		18.02%	8.15%	5.94%	4.52%	3.47%

续表

城市	排名	1	2	3	4	5
苏州	流入来源	北京	深圳	武汉	广州	西安
		12.16%	8.96%	6.48%	4.81%	4.22%
	流出去向	北京	深圳	广州	武汉	西安
		10.95%	8.37%	3.90%	3.84%	3.15%
无锡	流入来源	北京	深圳	广州	徐州	武汉
		13.51%	7.18%	6.32%	6.03%	4.64%
	流出去向	北京	深圳	成都	广州	武汉
		12.24%	5.60%	4.77%	4.15%	3.94%
常州	流入来源	北京	深圳	徐州	广州	武汉
		11.73%	8.67%	5.61%	5.61%	5.10%
	流出去向	深圳	北京	徐州	成都	广州
		8.96%	8.96%	3.88%	3.58%	3.28%
合肥	流入来源	北京	深圳	广州	蚌埠	武汉
		17.44%	7.83%	7.65%	6.41%	4.63%
	流出去向	北京	深圳	广州	蚌埠	武汉
		12.56%	8.24%	4.40%	4.32%	3.92%

数据来源：清华经管互联网发展与治理研究中心、上海科学技术政策研究所、领英中国：《长三角地区数字经济与人才发展研究报告2021》。

1.14、1.03，在长三角地区排名前三，表明上述三地对长三角地区的高水平人才具有很强的吸引力。相较而言，南京、合肥、金华的高水平人才流入流出比排名相对靠后，在长三角地区内部呈现出一定的人才流失现象。

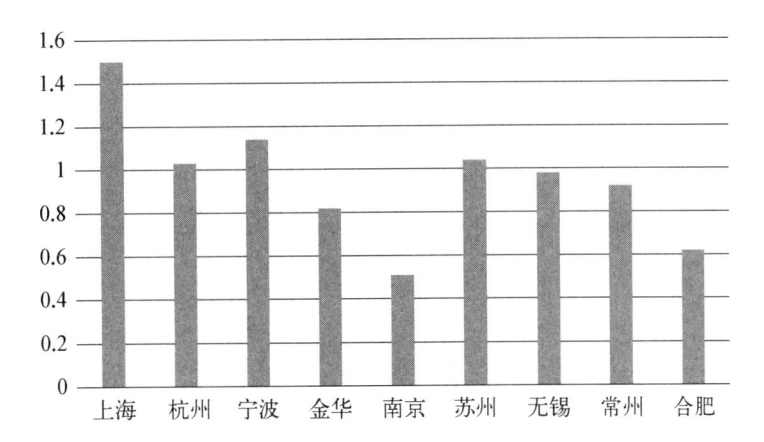

图 2-9　2018 年长三角地区主要城市高水平人才长三角地区内流入流出比

数据来源：清华经管互联网发展与治理研究中心、上海科学技术政策研究所、领英中国：《长三角地区数字经济与人才发展研究报告 2021》。

具体地，对上海、杭州、南京、苏州高水平人才在长三角地区内的流入流出情况进行了分析，如表 2-4 所示。上海在长三角地区内的流入来源和流出去向都很集中，流入来源地中苏州、南京、杭州、合肥、无锡

表 2-4　2018 年长三角地区主要城市高水平人才长三角地区内流入流出排名

城市	排名	1	2	3	4	5
上海	流入来源	苏州	南京	杭州	合肥	无锡
		22.64%	20.97%	20.07%	8.20%	6.53%
	流出去向	杭州	苏州	南京	合肥	宁波
		29.06%	23.35%	12.24%	7.27%	5.88%
杭州	流入来源	上海	宁波	南京	金华	苏州
		39.06%	10.98%	7.68%	5.90%	5.69%
	流出去向	上海	宁波	金华	嘉兴	绍兴
		41.98%	15.63%	7.81%	5.34%	4.85%

31

续表

城市	排名	1	2	3	4	5
南京	流入来源	上海	苏州	合肥	无锡	杭州
		29.59%	18.11%	10.70%	9.37%	8.04%
	流出去向	上海	苏州	无锡	杭州	常州
		38.72%	21.40%	9.67%	7.02%	5.31%
苏州	流入来源	上海	南京	无锡	常州	杭州
		35.00%	26.41%	9.78%	6.68%	5.03%
	流出去向	上海	南京	无锡	杭州	常州
		53.10%	11.68%	9.86%	6.59%	4.48%

数据来源：清华经管互联网发展与治理研究中心、上海科学技术政策研究所、领英中国：《长三角地区数字经济与人才发展研究报告2021》。

排名前五，累计占比78.41%，流出去向地中杭州、苏州、南京、合肥、宁波排名前五，累计占比77.8%。杭州在长三角地区内的流入流出地主要是上海，上海占流入来源地的39.06%、流出去向地的41.98%。南京的流出去向地比流入来源地分布更加集中，其中流入来源地排名前五的分别是上海、苏州、合肥、无锡、杭州，累计占比75.81%，流出去向地排名前五的分布是上海、苏州、无锡、杭州、常州，累计占比高达82.12%。苏州在长三角地区内的人才流出更加集中，过半流出人才去往上海(53.1%)，流入来源地主要包括上海、南京、无锡、常州、杭州，其中上海和南京占比分别为35%和26.41%。

执笔：胡雯（上海社会科学院信息研究所）

第三章　长三角地区人才一体化发展的战略与推进路径

在长三角一体化发展的战略框架中,人才一体化发展既是区域一体化发展的重要创新实践领域,也是区域一体化发展的动力源泉。前者,就是要在人才要素畅通流动、人才市场一体化建设、人才公共服务大平台、人才自主培养体系等方面,加快改革创新、先行先试,争取率先突破、率先见效,进而引领、带动其他领域的一体化实践;后者,就是要坚持人才是第一资源、创新是第一动力,让人才一体化发展成为区域一体化、区域创新共同体建设的重要动力。

一、长三角一体化发展上升为国家战略

2018年11月5日,习近平总书记在首届中国国际进口博览会上宣布,支持长江三角洲区域一体化发展并上升为国家战略,着力落实新发展理念,构建现代化经济体系,推进更高起点的深化改革和更高层次的对外开放,同"一带一路"建设、京津冀协同发展、长江经济带发展、粤港澳大湾区建设相互配合,完善中国改革开放空间布局。自此,长三角地区一体化发展,从以往的地方自发探索推进,进入国家推进的新阶段。

长三角地区是我国经济发展最活跃、开放程度最高、创新能力最强的区域之一,在国家现代化建设大局和全方位开放格局中具有举足轻重的战略地位。根据相关统计数据,长三角地区区域面积达到35.92平

方千米,占全国的3.7%;常住人口2.25亿人,占全国的16.1%;GDP总量27.61万亿元,占全国的24.1%;人均GDP水平为11.75万元,比全国平均水平高3.65%(如表3-1所示)。

表3-1 2021年长三角地区发展概况及全国比较

地 区	土地面积 (平方千米)	常住人口 (万人)	GDP (万亿元)	人均GDP (万元)
上 海	0.63	2 424	4.32	17.37
江 苏	10.72	8 051	11.64	13.73
浙 江	10.55	5 737	7.35	12.04
安 徽	14.01	6 324	4.30	7.05
长三角	35.92	22 536	27.61	11.75
全 国	960	1 390 082	114.37	8.10
占全国	3.7%	16.1%	24.1%	145.1%

资料来源:2022年三省一市统计公报。人口数据为第七次人口普查数据。

2019年12月正式发布的《长江三角洲一体化发展规划纲要》[①]确立了长三角一体化发展的五大战略原则,即创新共建、协调共进、绿色共保、开放共赢、民生共享;确立了"一极三区一高地"的战略定位,即发展强劲活跃增长极、高质量发展样板区、率先基本实现现代化引领区、区域一体化发展示范区、新时代改革开放新高地。在2020年8月20日于合肥召开的扎实推进长三角一体化发展座谈会上,习近平总书记强调,实施长三角一体化发展战略要紧扣"一体化"和"高质量"两个关键词,以一体化的思路和举措打破行政壁垒,提高政策协同,让要素在

---

① 该规划在2019年5月13日召开的中共中央政治局会议上审议通过。

更大范围畅通流动,有利于发挥各地区比较优势,实现更合理分工,凝聚更强大的合力,促进高质量发展。

在京津冀、长三角、粤港澳、成渝四大国家重大区域战略布局中,各自都有鲜明的战略特性,京津冀强调的是区域协同,粤港澳突出的是"一国两制"下珠三角与香港、澳门的联动,成渝的特点在于两大内陆城市的双城经济圈,而对于长三角地区的核心要求是"更高质量的一体化"。

新时代赋予了长三角地区一体化发展新的内涵,这就是更高质量的一体化发展。之所以在一体化发展上要有更高质量的要求,就是要在多年探索实践的基础上,进一步把握新发展阶段、践行新发展理念、构建新发展格局,按照更高的战略要求,率先破解行政壁垒,促进要素畅通流动,加快推进区域统一大市场建设,让长三角地区凝聚起一体化发展的强大合力,在中华民族伟大复兴战略全局和世界百年未有之大变局"两个大局"中,在中国式现代化建设中发挥主力军、先锋队作用。

从区域合作角度看,长三角地区的一体化发展,就是要推动区域合作从项目协同向更加紧密的现代一体化模式升级,而且更多要在公共领域全面推进一体化建设,包括基础设施、科技创新、生态治理、市场体系、公共服务等。只有公共领域实现了区域一体化,才能更加有力地支撑和保障经济领域的区域一体化。

区域一体化发展,一般有两层含义:一是指发达的大城市,为加快提升周边城市和乡村的发展水平,通过构建以大带小、以城带乡的一体化体制机制和特殊政策,把大城市高度集聚的功能优势、资源优势、产业优势、人才优势等,辐射扩散到周边城市和乡村,带动其工业化、城市化、现代化进程,加快缩小地区差距和城乡差距。长三角地区以往多年来的一体化发展思路和实践,基本属于这一概念范畴。我们称其为传统的一体化模式,周边地区为此更多使用接轨、融入概念来加入一体化序列。二是指城市群中的各个城市，特别是都市圈中的各个城市，为提升城市群的同城化水平和国际竞争力，实现"1+1＞2"效应，在一些领域开展紧密合作，通过建立一体化建设和运营的体制机制及平台载体，消除行政分割，激发规模效应，实现更高层次的共生共建共享，我们称其为现代一体化模式。在当下高铁、互联网、同城化和成熟市场经济的牵引下，这一概念范畴的区域一体化正在成为主流。

国家战略推动下的长三角地区一体化发展，就是要探索实践紧密合作的现代一体化模式，也就是更加强调整体推进、共同行动，更加强调共建共享、紧密合作，更加强调载体一体、平台统一，更加强调制度保障、强化机制。要在区域合作体制机制方面推进四个一体化：[1]

一是整体推进的一体化。围绕国家战略部署，特别是围绕率先建设社会主义现代化引领区和加快建成世界级城市群，全面树立区域一盘棋理念，深入贯彻落实习近平总书记关于长三角一体化高质量发展的重要讲话精神和《长江三角洲区域一体化发展规划纲要》的总体部署，加强规划统筹、规划引领，构建区域整体推进、联动发展的新格局。

二是共建共享的一体化。以共建为抓手、共享为目标，实施更多跨行政区的公共合作项目，让广大中小城市共享一体化成果。共建共享项目不仅包括基础设施、生态环境治理、创新服务平台等硬性项目，还包括要素流动、数据共享、公共服务、社会治理等软性项目。推进落实跨行政区的共建共享项目，关键在于构建能够有效推进共建项目实施的一体化体制机制，其中既有资金筹措、项目执行方面的，也有标准、规则、平台等衔接方面的。

---

[1] 参见王振等：《中国区域经济学》，上海人民出版社2022年版。

三是建设载体的一体化。跨行政区共建共享项目的实施,尤其是一些覆盖面大、常态化影响的项目,更要搭建一体化建设与运营的载体机构,这样才能真正保障重大项目的有效运转。长三角地区之所以在高铁、机场、电信、能源等重大基础设施领域有较高的统筹性、协调性,是因为这些重大基础设施建设运营主体的央企在建设载体上高度一体化。同样,要在诸多公共领域推进一体化项目,也必须搭建更多跨三省一市、实施一体化运营的实体机构,其模式可以是公司,也可以是基金会,这样才能夯实一体化发展的项目承载体和平台基础。

四是制度保障的一体化。就是要在制度、政策上改革创新,建立统一规范的制度体系,形成要素自由流动的统一开放市场,为更高质量一体化发展提供强劲内生动力。特别要通过区域协同立法,共同制定行为准则,促进要素市场一体化,保障各类合作项目落地,保障各类载体机构顺利运营。

二、长三角人才一体化发展的战略定位与愿景

长三角一体化发展是一项中长期的战略工程。正如习近平总书记指出的,"长三角一体化发展不是一日之功,我们既要有历史耐心,又要有只争朝夕的紧迫感,既谋划长远,又干在当下"。[1] 同样,长三角人才一体化发展也非一日之功,要进一步谋划长远,实现更高质量的一体化发展。

目前,关于人才领域的一体化发展,其长期的战略定位和愿景并不明晰或明确。三省一市组织部门曾在2018年共同研究并编制了《关于加快推进长三角一体化发展建设具有全球影响力的国际人才新高地战

---

[1] 习近平总书记在扎实推进长三角一体化发展座谈会上的讲话(2020年8月20日,合肥)。

略合作框架协议》,提出到2030年,长三角地区基本形成高效共商、联动共创、开放共享、协作共赢的人才一体化发展体制机制,基本形成具有全球竞争力的人才一体化发展制度体系,基本建成具有全球影响力的国际人才新高地;还提出协同建设区域人才一体化改革试验区,携手建设区域人才一体化发展示范区,协力建设集聚国际化人才先行区。这个合作框架协议草案是在长三角一体化发展正式上升为国家战略之前就已形成,之后并没有进一步修订并予以实施。

长三角人才一体化发展要放在"两个大局"的大趋势下,放在中国式现代化建设的大背景下,放在长三角地区担当的一体化高质量发展的国家使命下,还要科学把握人才资源的本质属性和地区基础,即资源要素属性、社会群体属性和人才资源开发属性。这里重点从四个方面研究提出战略定位与愿景。

(一)努力构建世界重要人才中心和创新高地的长三角雁阵

按照建设世界重要人才中心和创新高地的国家战略部署,在北京、上海、粤港澳大湾区建设高水平人才高地,在一些高层次人才集中的中心城市建设吸引和集聚人才的平台,加快形成战略支点和雁阵格局。其中由上海领雁的长三角方阵在国家雁阵格局中具有举足轻重的影响,是我国建设世界重要人才中心和创新高地的主力军。

长三角地区共有41个城市,根据我们团队对长三角地区41个城市2021年创新驱动力综合评价,[①]2021年长三角地区创新驱动力位列

---

① 创新驱动力的实质是驱动一个城市或区域创新发展的主要动能,理论层面由研发创新驱动力和产业创新驱动力两段动力组成。我们构建了由四个一级维度,即创新投入、创新载体、创新产出、创新绩效,共31个指标构建的科技创新驱动力综合评价指标体系和测算模型,并将所有城市分为六类:超强驱动力、强驱动力、较强驱动力、一般驱动力、较弱驱动力、弱驱动力。可参阅王振主编:《长三角地区经济发展报告2021—2022》,社会科学文献出版社2023年版。

前15的城市有上海、南京、杭州、苏州、合肥、宁波、无锡、芜湖、南通、常州、徐州、扬州、嘉兴、镇江、温州(见图3-1)。其中,上海为超强驱动力城市,为头雁城市;南京、杭州、合肥、苏州等四城市为强驱动力城市,为支点城市;宁波、无锡、芜湖、南通、常州、嘉兴、镇江、扬州等八城市为较强驱动力城市,为节点城市(见表3-2)。

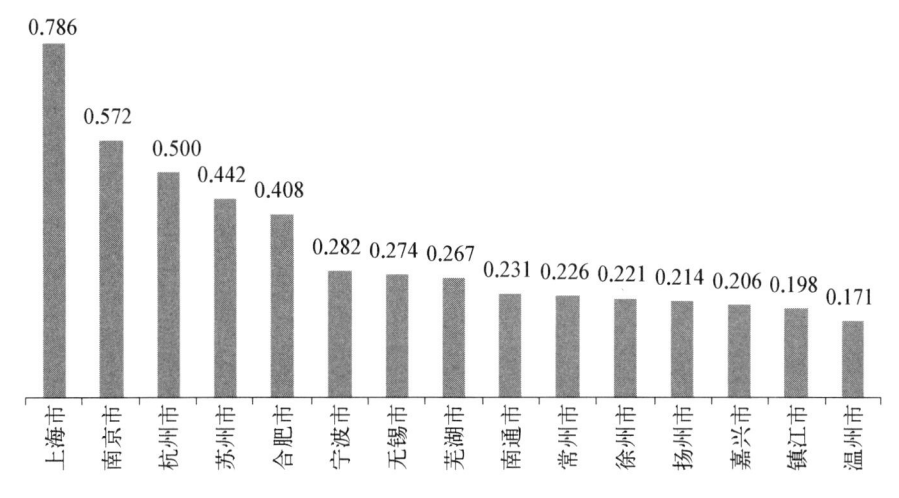

图3-1 2021年长三角41城市创新驱动力指数排名(前15城市)

上海市	0.786
南京市	0.572
杭州市	0.500
苏州市	0.442
合肥市	0.408
宁波市	0.282
无锡市	0.274
芜湖市	0.267
南通市	0.231
常州市	0.226
徐州市	0.221
扬州市	0.214
嘉兴市	0.206
镇江市	0.198
温州市	0.171

资料来源:上海社会科学院长三角与长江经济带研究中心:《长三角41城市创新驱动力指数报告(2022年)》,王振、杨凡执笔。

表3-2 2021年长三角主要城市创新驱动力综合指数分类

组别(城市数量)	城市(测评值)
超强驱动力(1) (头雁城市)	上海(0.786)
强驱动力(4) (支点城市)	南京(0.571) 杭州(0.500) 苏州(0.442) 合肥(0.408)
较强驱动力(8) (节点城市)	宁波(0.282) 无锡(0.274) 芜湖(0.267) 南通(0.231) 常州(0.226) 徐州(0.221) 扬州(0.214) 嘉兴(0.206)

续表

组别(城市数量)	城市(测评值)
一般驱动力(16)	镇江(0.198) 温州(0.171) 马鞍山(0.165) 台州(0.159) 绍兴(0.154) 泰州(0.151) 滁州(0.144) 舟山(0.143) 蚌埠(0.142) 金华(0.131) 盐城(0.131) 宣城(0.130) 衢州(0.124) 铜陵(0.123) 连云港(0.120) 池州(0.116)
较弱驱动力(10)	淮北(0.093) 亳州(0.092) 丽水(0.088) 安庆(0.088) 阜阳(0.082) 宿州(0.082) 黄山(0.780) 六安(0.074) 淮南(0.066) 宿迁(0.061)

资料来源：上海社会科学院长三角与长江经济带研究中心：《长三角41城市创新驱动力指数报告(2022年)》，王振、杨凡执笔。

长三角地区要优化人才空间布局，强化战略人才队伍建设，打造具有世界影响力的人才雁阵，要做到以下几点：第一，增强和造就上海具有世界影响力的头雁功能，这个功能具体表现为高水平人才高地和全球性人才枢纽功能。要发挥上海的人才集聚四大优势，即规模优势、平台优势、开放优势、综合优势；实施五大战略布局，即国际化的人才导向、世界级的人才平台、更加开放的人才政策、高品质的人才生态、战略性的人才力量；努力把上海建设成为科学新发现、技术新发明、产业新方向、发展新理念的重要策源地，加快建设高水平人才高地和国际科技创新中心。第二，在南京、杭州、合肥、苏州四个重要支点城市，充分发挥经济体量大、创新载体多、科教资源丰富、高层次人才集聚度高、产业化能力强等优势，进一步建设吸引和集聚战略科技人才的国家级创新平台和各类新型创新平台，形成更加强劲的创新实力和活力，增强支持和配套上海头雁的支撑力。第三，在宁波、无锡、芜湖、南通、常州、嘉兴、镇江、扬州等重要节点城市，充分发挥产业创新活跃、产业人才集聚度高、民营经济发达、交通物流便捷等优势，进一步加强与头雁城市、重要支点城市的创新联动，着力集聚科技创新人才，打造卓越工程师队伍,夯实创新成果转化和战略性新兴产业、未来产业成长的人才基础。第四,在绍兴、湖州、泰州、马鞍山、舟山、台州、金华、盐城、滁州等成长节点城市,充分发挥空间腹地大、与都市圈核心城市产业联动性强、商务成本相对低等优势,进一步加强产业人才的培养和集聚,进一步加强与头雁城市、支点城市创新链的紧密合作,全面融合创新经济圈。第五,发挥上海、南京、杭州、合肥、苏州等城市的比较优势,建设科技创新共同体。组建联合国家队,以兵团式、组团式方式,承担国家中长期科技创新工程。组建由头部企业引领的跨地区的产学研紧密合作团队,承担关键核心及时攻关工程。发起国际大科学计划,为人才提供国际一流的创新平台。第六,构建区域利益协调机制,促进集聚在大城市的创新链与分布在各个中小城市的产业链深度融合。发挥一体化发展的国家战略优势,加快区域统一大市场建设,消除阻碍要素流动的行政壁垒,构建更加积极有效的利益共享、成本共担协调机制。

(二) 率先推进区域统一开放的人才大市场建设

2022年4月发布的《中共中央国务院关于加快建设全国统一大市场的意见》明确提出要加快建立全国统一的市场制度规则,打破地方保护和市场分割,打通制约经济循环的关键堵点,加快建设高效规范、公平竞争、充分开放的全国统一大市场。[①] 该意见提出了六大任务:一是强化市场基础制度规则统一;二是推进市场设施高标准联通;三是打造统一的要素和资源市场;四是推进商品和服务市场高水平统一;五是推进市场监管公平统一;六是进一步规范不当市场竞争和市场干预行为。

建设全国统一大市场,是一项中长期的建设工程、改革工程,非一

---

① 统一市场建设,最早是在1993年11月召开的十四届三中全会上提出的,当时提出"建立统一、开放、竞争、有序的市场"。

日之功,既要谋划长远,又要干在当下。这个干在当下,就是长三角地区肩负的重要历史使命。其中建设区域统一的人才大市场,既是一个率先推进统一大市场建设的重要抓手、重要实践领域,又是具备条件可以先行先试、率先取得成效的平台。

人才是最重要的战略性、基础性资源要素。既然是资源要素,就具有市场属性,具有资源要素流动配置,由市场决定资源配置的基本属性。因此,一方面要按照建设社会主义现代化经济体系和高标准市场体系的要求,消除行政壁垒,促进人才跨区域跨行业畅通流动;另一方面要建设依托人才交易平台的人才市场,以有形市场引导无形市场,发挥好政府在市场运行中的指导和监督作用。这里就提出了长三角人才统一大市场建设的两大战略布局或两大任务。

一是消除行政壁垒,促进人才畅通流动。我国人才流动包括地区间流动、城乡间流动,以及国际间流动三种类型。三种流动的主流是,乡村向城市、欠发达地区向发达地区、中小城市向大城市,以及从发达国家向中国的流动,同时都还有逆向流动,如从城市向乡村、从大城市到中西部地区的流动等。我国改革开放的一个有效法宝就是向地方放权,调动各地发展经济的积极性,形成各地你追我赶的经济活跃格局。但与此同时也逐渐形成了我国特有的行政区经济模式,这一模式导致比较严重的行政分割和地区间过度竞争,市场被分割、人口和就业被分割、公共服务被分割,还有各地五花八门的招商引资政策补贴、税收优惠等,扭曲了资源配置和地区城乡间均等化发展。行政区之间普遍存在诸如规划不衔接、标准不统一、规则不一致、平台不连接的情况,可以说这些都与现代化经济体系建设,与成熟市场经济背道而驰。[1] 为促进

---

[1] 参见王振等:《中国区域经济学》,上海人民出版社2022年版,第三章。

人才畅通流动,发挥市场在人才资源配置中的决定性作用,长三角地区要在以下三个方面予以重点突破:一是积极清理并废除各地为争夺人才而设立的一些特殊优惠政策,促进地区间的公平竞争。比如一些条件好的大学、科研院所、园区采取特殊补贴手段挖人才的举动,属于反市场行为,应该予以清理。二是建立均等化、可接续的社会保障体系,消除人才跨地区自由流动中的制度性障碍。进一步加强省级层面的统筹力度,加快建立覆盖全省的社会保障体系,同时缩小三省一市之间的社会保障差距,建立以均等化、可接续为导向的区域社会保障体系。三是通过协同立法方式,以统一的标准和规则,确立人才与用人单位的市场主体地位。人才自由择业,利益得到充分保障;用人单位自主用人,自主根据市场供求决定人才薪酬待遇。

二是坚持高标准联通,建设一体化的人才市场设施。所谓高标准联通,就是对应长三角建设具有世界影响力的人才雁阵这一战略构想,推动各地人才市场设施实现一体化、枢纽化、国际化、智能化联通。[①] 一体化联通,主要对地方主导的公共人才市场,按照标准统一、规则一致、平台衔接、数据共享、一网通办的一体化基本构架,实施一体化建设,实现系统性联通。可从数据采集发布的标准统一、信息共享起步,再到平台连接、一网交易,形成面向所有主体、公平竞争的一体化人才市场运行平台。枢纽化联通,即要通过枢纽型人才市场设施把分布在不同空间的人才市场有效连接起来,其中在上海建设中心枢纽,在南京、杭州、合肥、苏州、宁波等城市建设分级枢纽,在分级枢纽之下再进一步建设网络节点,形成覆盖整个长三角的人才市场网络体系,更好服务人才流动。国际化联通,即进一步把上海建成全球性人才市场中心枢纽,对标

[①] 王振:《全国统一大市场建设下的市场设施高标准联通——以长三角地区为例》,《苏州大学学报(哲学社会科学版)》2022年12期。

全球重要的人才集聚和创新中心,按最高标准、最好水平的要求,实现平台联通、制度联通、信息联通和人才联通,打造全球资源配置功能高地;同时建设多元化的国际联通,服务"一带一路"建设,构建广覆盖的人才全球网络。智能化联通,即加快应用新一代信息技术,搭建数字化信息共享平台和市场交易平台,有力支撑和保障各地人才市场设施的协调统一,实现市场体系整体功能的最大限度发挥及人才资源的最优化配置。

(三)深入推进人才创新创业公共服务的共建共享

人才作为一个社会群体,因在经济社会发展中具有更加重要的驱动创新、引领发展作用,所以具有一定的特殊属性,需要提供相应的专属公共服务。特别是,围绕引进、培养和使用高层次人才,各地更加重视为其提供更有针对性的公共服务,甚至将其列为优化营商环境、提升地方竞争力的一个重要组成部分。从20年前召开全国第一次人才工作会议以来,在党管人才原则的指引下,各地积极构建人才公共服务体系,尤其在发达地区,为引进和用好海内外高层次创新创业人才,更是从创新支持、创业孵化、子女教育、医疗健康、文化交流、住房保障等多个方面辅之以专项服务,乃至形成了更加积极的人才服务链。

在各地提供的人才公共服务中,至今仍然普遍存在地区间不均等、不共享的客观事实。当然,并不是所有公共服务都要求一样化,比如在子女教育、医疗健康、住房保障这些领域,本身就有较强的属地性,一体化发展的重点在于缩小地区差距、实现均等化发展。但对于人才创新创业方面的公共服务,由于创新创业活动很多是流动的、跨地区的,创新创业公共服务资源在地区间又客观存在较大差距,重要的创新服务平台、创业投资资金和创新创业专业服务人才等，大量集中在上海以及南京、杭州、合肥、苏州等地，所以共享问题就比较突出。这些年长三角地区在推进创新创业公共服务资源共享方面一直在做积极的突破性努力。比如2018年的浦江论坛上，长三角三省一市科技厅（委）在科技部见证下，启动了长三角科技资源共享服务平台的建设；2019年，四地的建设单位在长江经济带科技资源共享论坛上签约，由上海牵头，四地共建长三角科技资源共享服务平台，服务平台于2019年4月正式上线运营；截至2022年5月底，长三角科技资源共享服务平台已集聚长三角区域的重大科研基础设施23个、大型科学仪器40 150台（套）、国家级科研基地315家、科技人才20余万、2 429家服务机构，15 700余条服务项目、国内外标准160余万条。[①] 与长三角科技资源共享平台上线的同时，各地积极探索，推出了科技创新券试点，比如其他城市的科技创新人才、中小企业可以从本地科技部门低费用获得科技创新券，凭科技创新券在共享上海的大型科技仪器设备时进行费用结算，这样既可以保障低成本使用大型科技仪器设备，又可以解决大型科技仪器设备服务机构成本费用问题。2021年初，三省一市科技厅（委）联合长三角绿色一体化示范区，推出长三角科技创新券通用通兑试点工作。4月，作为长三角科技创新券通用通兑试点工作的重要载体，长三角科技创新券通用通兑平台正式上线运营，为有效落实政策、扩大共享服务打下了坚实基础。

从中长期看，围绕创新共同体建设和人才的创新创业，长三角地区要在人才创新创业公共服务领域进一步拓展共建共享的广度与深度，除了科技资源共享服务大平台建设，还要在以下三个公共服务大平台

---

① 《开放共荣，科技资源共享跑出加速度——记不断推进中的长三角科技资源共享工作》，https://sghexport.shobserver.com/html/baijiahao/2022/09/01/841605.html。

积极践行一体化服务：

一是技术转移转化的公共服务大平台。长三角地区集聚了众多的大学、科研院所和新型研发机构，为这些机构中的科技创新人才提供高水平的技术转移转化服务，是提升整个区域自主创新能力的重要一环。目前，技术转移转化公共服务的平台很多，上至区域性的长三角技术转移联盟，下至各个地区、各个大学和科研院所自己办的技术转移转化中心，但总体来说，各自为政、低水平运行，缺乏枢纽型的高水平公共大平台。这里我们特别推荐德国史太白技术转移中心的成功案例。该机构成立于1971年，以近代商业之父史太白命名，是欧洲最大的技术转移机构，也是世界技术转移领域唯一上市的两家公司之一，也称为史太白技术转移网络。该网络主要由史太白经济促进基金会（StW）控制和管理，包括史太白技术转移有限公司（StC）和众多史太白专业技术转移中心及附属机构，是德国非营利技术转移中介机构的典型代表。1983年以前，史太白网络的技术转移活动以提供技术咨询服务为主；自1983年开始，史太白基金会在应用科学类大学中建立专业化的技术转移中心。1995年德国财政部出台了对于项目合作和合同研究税收优惠政策，这激励了史太白进入完全市场化运营模式。1998年，史太白基金会为了迅速扩大业务领域和规模，成立了隶属于基金会的史太白技术转移有限公司，负责管理所有的专业技术转移中心、子公司和各种史太白企业。1999年起，史太白网络包括所属各中心放弃州政府每年的财政补贴，步入完全市场化运营轨道。政府主要通过税收优惠政策鼓励史太白网络的技术转移活动。史太白网络已在50多个国家设立独立核算、自主决策的专业技术转移机构或分中心，并且拥有众多附属机构、风险投资伙伴和项目合作者，2019年，史太白网络覆盖了1 075家转移企业，6 000多名员工，总营业额达到1.70亿欧元。① 我们认为,长三角地区可以充分借鉴德国史太白基金会的成功经验,三省一市共同设立一个专门从事技术转移转化的实体性基金会或公司,然后可把设在各地、各大学和科研院所的技术转移转化中心通过合并或合作方式吸纳进来,并通过公司化运作机制,赋予其内在活力。

二是技术交易的公共服务大平台。2018年4月,浙江科技大市场与上海国际技术交易市场(上海技术交易所)、江苏省技术产权交易市场、安徽科技大市场联合签署了《长三角技术市场资源共享互融互通合作协议》,并成立了长三角区域技术市场联盟,共同推进区域内技术信息共享、仪器设备互通、金融体系互融和技术经纪资质互认。总体来说,长三角各地的技术市场建设与火热的创新态势相比相对滞后,而区域一体化技术市场建设还没有取得实质性进展,这中间不仅因为这是一项跨区域、多部门、多方社会力量协同的系统工程,而且目前还没有形成顶层专项规划方案,还缺乏推进机制上的基本保障。按照全国统一大市场建设的部署,技术交易市场作为重要的市场交易设施,推进各地技术交易市场的高标准联通,是其重要任务。长三角地区同样要率先推进技术市场设施的高标准联通,包括了一体化联通、枢纽化联通、国际化联通、智能化联通。要充分发挥上海技术交易所国家级交易场所功能,探索通过股权方式,与江苏、浙江、安徽三省技术交易大市场紧密捆绑,构建长三角技术市场"一张网",融合线上线下技术交易服务平台,实现"一网通办"。建立健全适用于科技成果特性与技术转移特征、区域统一的技术交易规则、交易流程以及技术评价标准,实现数据标准互通互认。发展跨地区的技术交易中介机构,打造专业化、国际化的技

---

① 来自中国国际科技交流中心网站(ciste.org.cn),2020全球百佳技术转移案例6——德国史太白技术转移中心。

术交易中介专业人才队伍。

三是知识产权保护的公共服务大平台。为人才创新创业提供知识产权保护公共服务是一项重要的基础性公共服务,而且这个保护不仅体现在维权方面,还体现在安全方面。2018年4月,长三角三省一市签署《长三角地区知识产权一体化发展框架协议书》,首次构建了长三角地区知识产权合作基本框架,建立了发展共商、布局共进、保护共治、服务共享、人文环境共建的知识产权一体化发展机制。2022年10月,三省一市又签署了《长三角地区知识产权更高质量一体化发展框架协议书》。这一协议可称为2018年协议的2.0版本,其中对共同推动建设长三角知识产权保护公共服务平台提出了较为完整的构想和措施,包括:推动三省一市现有的知识产权运营和交易平台(中心)互联互通,整合优化平台(中心)的功能;推进长三角知识产权交易信息共享、联动发展和交易平台一体化;探索推动长三角知识产权政务申请事项的"一窗受理""一网办理"及跨省通办,实现知识产权咨询投诉事项"一站解决";协同建设长三角知识产权信息公共服务平台;探索建立长三角海外维权信息资源合作平台,提供跨区域的海外知识产权保护指导;协同建设长三角区域知识产权大数据中心,整合各类知识产权执法数据、统计数据、信用数据,实现长三角地区知识产权数据的全面共享和公开;支持世界知识产权组织仲裁与调解上海中心在长三角区域内开展业务。笔者认为,在上述公共服务平台建设中,要突出两大重点:一是在实施知识产权交易、信息数据等功能平台一体化建设的同时,可将这些功能平台进一步整合成复合型的知识产权公共服务大平台;二是在上海共同建设长三角海外维权公共服务大平台,并由这个大平台统筹长三角各地的分支机构建设和海外分支机构建设。为加快建成知识产权公共服务大平台,可积极推动长三角协同立法实践,加强制度创新供给。

(四) 积极推动人才资源开发的均等化一体化

人才价值需要开发,有的通过教育培训实现知识能力的提升,也可称之为人才资源基础性开发;有的通过工作经历、岗位历练在实践中实现知识能力的提升,可称之为人才资源实践性开发。这里主要阐述长三角地区的人才基础性开发问题,主要涉及大学教育、继续教育等教育培训资源的地区城乡之间均等化、一体化发展。

在均等化发展方面,要推进两个均等化。一是公共教育培训资源的均等化配置。这个均等化不是绝对意义上的均等化,而是基于优质教育培训资源主要配置甚至超配在各个中心城市的现实,要进一步增加其他城市的优质教育培训资源配置,或者通过中心城市优质教育培训资源的扩张、扩散,提升其他城市的配置水平。同时这个均等化并不是同质性的均等化,而要根据各地城市功能、科技创新、产业发展的定位和实际,构建具有匹配度、能够有力支撑地方特色发展的均等化体系。比如对于特色产业集聚显著的中小城市,重点打造能够自主培养高质量人才的高水平特色产业人才教育培训体系,与中心城市、其他城市形成错位。二是人才共享公共教育培训资源的均等化。这就是人人享有选择优质公共教育培训资源的权益,各个公共教育培训机构在招聘学员、培训学员时没有地域和阶层之分,按照公平、公正的原则向所有地区、乡村开放。而且,对于优质公共教育培训资源配置严重滞后的地方,要建立相应的补偿机制,如定向培养、学费资助、降低录取分、免费培训等,提供均等化的教育培训机会。

在一体化发展方面,要推进三个一体化。一是社会职业资格认定的一体化。就是对三省一市实施的各类职业资格认定,建立认定标准统一、评价规则统一、证书跨区互认的一体化制度。二是职业资格认定机构、职业资格培训机构的一体化。对从事人才培训开发的机构,实现机构资质的统一认定和同标准监管,对标国际先进,结合长三角实际,实施高标准建设。推进职业资格培训教材的同标准统编,乃至实施区域性统编,也为全国统编打下基础。探索建设长三角人才资源开发教育集团,如职业技能教育集团、职业资格教育集团等,以集团化模式提升区域一体化水平。三是人才能力评价信息管理的一体化。建设三省一市互联共享的人才信息数据库;推进人才档案管理信息化、标准化建设,实现人才档案互查互认互通。

三、长三角地区人才一体化发展的推进路径

为实现长三角人才一体化发展的战略愿景,必须坚持党管人才原则,按照长三角一体化高质量发展的国家战略部署,进一步完善组织部门牵头抓总、职能部门密切配合的工作机制,加强三省一市组织部门之间、职能部门之间的统筹,在长三角一体化发展的大业中,构建人才驱动发展、人才一体化驱动区域一体化的新格局,奋力打造具有世界影响力的长三角人才雁阵。

（一）加强顶层规划设计和区域推进协调机制建设

打造世界级人才雁阵,建设区域统一的人才要素市场,共建共享人才公共服务体系,推动人才资源培养开发的均等化一体化,都需要从顶层形成更加积极有力的推进方案。之所以强调顶层的规划设计和协调推进,是因为长三角多年来自发实践一体化发展始终面临四个省级行政区之间自我前行、自我协调的步履艰难和制度性障碍,而自一体化发

展上升为国家战略以来,推进的速度大大加快,展现出由上而下推动的战略效果、机制保障和动力聚合。2019年3月,国家层面在长三角地区先行探索跨省级行政区的政务服务"一网通办"。[①] 依托国家政务服务平台和上海市、江苏省、浙江省、安徽省政务服务平台,长三角地区政务服务"一网通办"在2019年5月正式开通上线,实现了长三角地区政务服务数据互通共享。2022年初,国家发改委推出长三角公共资源交易一体化发展方案,[②] 三省一市积极行动,在上海的牵头下,长三角公共资源交易统一门户一体化服务平台于2022年10月上线。[③] 这两个案例充分验证了顶层规划设计、由上而下推动的成效。从推进机制看,由国家有关部门组织先行试点,然后按照工作方案的统一部署,成立工作专班、集中攻坚克难,并按先易后难、高频优先的原则推进试点。

所以,在人才一体化发展这一领域,长三角地区要积极构建上下联动、左右联动的推进格局。要加强顶层设计的研究,科学提出长三角一体化发展的战略定位、愿景使命、近中期突破性重点、配套机制等。可在三省一市组织部门的牵头组织下,集合各地专家形成战略性规划设计和行动方案设计。在区域推进协调机制方面有四个层面:一是国家方案明确的目标、任务、配套措施与时间表;二是三省一市成立联合工作专班,制定更加详尽的落实方案,明确各自的分工任务;三是各地在相关部门内设置部门工作专班;四是由上而下的考核机制或评估机制。

---

① 2019年3月,国务院办公厅秘书局下发《长三角地区政务服务"一网通办"试点工作方案(国办秘函〔2019〕15号)。
② 2022年3月,国家发展改革委下发《关于推动长江三角洲区域公共资源交易一体化发展的意见》(发改法规〔2022〕355号)。
③ 《长三角公共资源一体化在示范区率先探索》,《上观新闻》2022年8月20日。

(二) 实施人才一体化发展综合改革试点

破除地方行政壁垒,实现地区间标准统一、规则一致、平台衔接、资质互认、一网通办,促进和保障要素畅通流动、有效配置,实质是要改变形成已久的行政区经济模式和路径依赖。这是一场更深层次的改革攻坚战,所以要通过综合改革试点来获得可推广复制的做法和经验。可依托长三角绿色生态发展一体化示范区,或虹桥国际开放枢纽建设区域,或 G60 科创走廊,或上海、南京、杭州、合肥四大都市圈,设立人才一体化发展综合改革试验区,系统开展相关的体制机制改革创新,并积极建设地区间共建共享的高水平人才高地。

在人才一体化发展综合改革试验区,既要把人才一体化发展的改革创新事项与其他领域的改革创新事项衔接起来,进行集成式系统改革,又要发挥人才体制机制改革创新的引领驱动作用,争取率先突破。可重点开展以下五项改革创新:

一是人才畅通流动的改革创新试点。在试验区内,破除户籍限制,任何用人单位在招聘人才时不再设置户籍、人才居住证特定条件,或招聘引进人才即可简易申报中心城市,如上海的户籍,并纳入社会保障体系,或户籍不变,实现地区间社会保障互联互通,简化结算、接续程序和规定,一网通办,大幅减少社会保障对人才流动的制约。

二是人才评价机制和资质互认的改革创新试点。统一人才评价标准、统一人才评价机构管理服务标准,实现人才职业资格证书、人才职称的跨地区互认。进一步可考虑颁发统一制作、统一认定的职业资格证书。

三是人才公共服务共建共享的一体化改革创新试点。对分属不同地区的公共人才市场、人才服务中心、创新创业服务中心等机构,要推进信息互联互通、服务统一开放,共同推进公共服务的标准化、均等化、打造紧密合作的服务网络体系。对同质性的公共服务平台推进平台整合、资源共享,进而推动产权合作的治理机制创新和枢纽体系建设创新。

四是人才培养开发的一体化改革创新试点。建立人才培养开发机构联盟,从联盟起步,推进教育培训设施的共享、课程学分的互认、职业资格培训教材的统编、专业培训师的共同培养,共建高水平实训基地。探索教育培训机构的集团化发展,打破地域所属关系,提升规模化、专业化培训能力,塑造教育培训品牌。

五是引进海外人才的一体化改革创新试点。把在上海的浦东新区、虹桥国际开放枢纽先行先试的人才体制机制改革试点和海外人才引进新政策覆盖到人才一体化试验区,包括降低外国人永久居留证申办条件、放宽外籍人才就业限制、简化入境和居留手续等。

(三) 建设促进人才一体化发展的实体型载体

长三角一体化发展需要一批一体化运营的实体型载体予以支撑、提供动力;同时这些一体化运营的实体型载体也是一体化发展的改革创新成果和标志。在人才一体化发展领域,要积极谋划和聚力推动建设若干个覆盖、服务整个长三角区域,甚至更广区域的实体型载体。这里提出七个新的实体型载体建设项目:

一是长三角人才统一大市场项目。按照一体化、枢纽化、国际化、智能化的联通框架,推动三省一市人才市场设施的高标准联通。

二是长三角技术交易统一大市场项目。同样,按照"四化"的联通框架,推动三省一市技术交易市场设施的高标准联通。

三是长三角科技创新转移转化大平台项目。主要借鉴德国史太白的做法和经验,筹建长三角科技创新转移转化基金会,在基金会下设立专业化的运营公司,整合长三角各地科技成果转移转化服务机构,以及大学、科研院所内设的成果转化服务机构,构建覆盖长三角、面向国际的网络体系。

四是长三角知识产权服务大平台项目,包括知识产权大数据中心、知识产权一体化受理处置平台、海外知识产权保护服务平台等。

五是长三角前沿技术职业技能教育培训大平台项目。选择前沿技术领域,包括人工智能、集成电路、生物医药、新能源、减碳零碳、文化创意等领域,集合各地优质教育培训资源,通过共同出资、企业化经营,创设长三角前沿技术职业技能教育培训集团。

六是长三角海外人才招聘大平台项目。服务各地的全球引才行动,建设融信息发布、数据库、公共服务为一体的海外人才招聘大平台。在世界主要国家设立工作站,形成全球网络。

七是长三角海外人才创新创业大赛暨国际人才高峰论坛项目。以会搭台,为海内外人才搭建创新创业交流大平台,同时为各地企业及研发机构招聘、引进海外人才搭建宣传和交流平台。创设常设性机构,承担大赛和论坛的运营工作。设置常设性会场,同时在各地设置各有特色的专业会场。打造长三角引才品牌。

(四)推动人才一体化发展领域的区域协同立法

对于涉及跨地区的共建共享项目,因存在成本共担这一现实诉求,就必须通过更有针对性的制度供给来予以充分的支持和保障。《长三角地区一体化发展规划纲要》赋权长三角地区,"建立地方立法和执法工作协同常态化机制,推动重点区域、重点领域跨区域立法研究,共同制定行为准则,为长三角一体化发展提供法规支撑和保障"。但 2019 年至今,长三角共同完成的区域协同立法项目只有两项。全国人大常委会2021年初正式授权浦东新区的地方立法权,仅在2021年半年中就完成了七项立法项目,这对于一些最前沿的改革开放实践,大大加快了地方立法进程,为引领全国改革开放和社会主义现代化建设发挥了立法的制度供给和保障作用。同样,在消除地方行政壁垒、促进一体化发展的改革实践中,也可以授权长三角三省一市实施更多的区域协同立法,提供更加积极有力的制度供给和保障。为加快人才一体化发展,应重点推进四个领域的区域协同立法:一是促进人才资源畅通流动的区域协同立法;二是促进人才市场交易平台高标准联通的区域协同立法;三是创设长三角科技创新转移转化基金会的区域协同立法;四是促进教育培训公共资源均等化一体化布局的区域协同立法。

执笔:王振(上海社会科学院)

第四章 长三角地区人才发展指数：城市比较

自长三角一体化上升为国家战略以来，长三角地区在"一体化"和"高质量"发展目标的指引下，加快了促进各类要素跨行政区域自由流动的改革创新。长三角地区作为我国经济发展最活跃、开放程度最高、创新能力最强的区域，其一体化的本质在于如何实现人才的自由流动和高效集聚，因此人才作为最具能动性和活力的生产要素，如何赋能长三角地区人才发展是当前亟待探讨的重要议题。

在长三角地区转型提升、创新发展的关键阶段，人才的支撑作用尤其重要。当前，长三角地区对人才的吸引力呈现出"一超多强"的格局，人才流动具有非均衡性特点，人才集聚效应突出体现在上海、杭州等地，表明长三角地区主要城市具有明显的人才优势和劣势差异，需要通过科学规划并实施多样化策略才能有效促进长三角地区的人才高效汇聚和流动，为建设高水平人才高地添砖加瓦。

为更好地揭示长三角地区主要城市人才发展的比较优劣势，本章采用多层次指标体系的量化分析方法，通过构建城市人才发展评价体系对长三角主要城市的人才发展现状进行评估和排名，并从人才发展基础、人才发展投入、人才发展环境、人才发展绩效四个维度开展了详细的比较研究。

第四章 长三角地区人才发展指数：城市比较

一、长三角地区人才发展指数的编制方法

为对长三角地区主要城市的人才发展开展量化比较研究，本节在明确评价原则的基础上，综合参考了国内外权威研究和咨询报告中对人才发展维度的评价指标和评价方法，结合专家访谈的相关意见，研究提出长三角地区人才发展指数的评价指标体系，并采用专家打分方法确定了指标权重，为开展长三角主要城市人才发展比较奠定基础。

（一）评价原则

在指标体系的设计过程中坚持以下原则：

第一，先进性原则。以贯彻落实新发展理念、加快构建新发展格局、推动高质量发展和现代化建设为指导，将人才发展评价置于新发展阶段的要求之下开展评价指标体系设计工作。

第二，综合性原则。综合考虑城市人才发展的各个方面，包括经济、科技创新、创业、教育发展、生态环境等，实现较为全面的人才发展评价。

第三，权威性原则。针对人才发展评价的各个维度，借鉴权威的人才评价指标，结合长三角地区城市人才发展的实际需求，构建具有可信度的评价指标体系。

第四，实用性原则。在指标选取上优先采用具有统计口径和官方数据源的指标，以保证评价指标体系具有可操作性和可复制性，为后续评价提供参考。

(二) 指标选取

从国内人才研究的现有成果来看,沈春光等人从人才投入、人才产出、人才环境建设三个方面构建了区域科技人才创新能力评价指标体系[1];盛楠等人则从人才基本素质、创新能力、创新成果三个方面开展科技人才评价[2];李良成和杨国栋从人才资源、投入、绩效、环境方面来构建指标体系[3];林喜庆和许放从规模、质量、创新、培养、投资、环境方面来构建指标体系[4];程永波等人在创新型科技人才与区域核心竞争力研究中从人才规模、人才流动、人才产出方面构建科技创新人才评价指标体系[5];《中国区域国际人才竞争力报告2017》从国际人才规模、结构、创新、政策、发展、生活六个方面开展了省域指标评述。[6]

从国外人才指数的研究成果来看,由欧洲工商管理学院(INSEAD)和Portulans Institute研究机构联合发布的《全球人才竞争力指数》,主要从市场环境、人才吸引力、人才培养、留存能力、劳动力技能水平、专业管理技能水平六个维度开展国家层面的人才竞争力评价[7];瑞士洛桑管理学院(IMD)发布的《2020年IMD世界人才报告》主要从投资与发展人才、吸引与留住人才、人才准备度三个维度开展国家和地区层面的人

---

[1] 沈春光、陈万明、裴玲玲:《区域科技人才创新能力评价指标体系与方法研究》,《科学学与科学技术管理》2010年第2期。
[2] 盛楠、孟凡祥、姜滨、李维桢:《创新驱动战略下科技人才评价体系建设研究》,《科研管理》2016年第S1期。
[3] 李良成、杨国栋:《广东省创新型科技人才竞争力指标体系构建及评价》,《科技进步与对策》2012年第19期。
[4] 林喜庆、许放:《基于AHP的城市科技人才竞争力评价研究——以中国4个直辖市2008年数据分析为例》,《北京科技大学学报(社会科学版)》2015年第1期。
[5] 程永波、陈洪转、赵强强、宋露露:《创新型科技人才与区域核心竞争力——基于江苏的实证分析》,《南京航空航天大学学报(社会科学版)》2014年第3期。
[6] 西南财经大学发展研究院、全球化智库(CCG):《中国区域国际人才竞争力报告2017》,社会科学文献出版社2017年版。
[7] Lanvin B, Monteiro F (eds), "The Global Talent Competitiveness Index", *The Business School for the World & Portulans Institute*, 2021. https://www.insead.edu/sites/default/files/assets/dept/fr/gtci/GTCI-2021-Report.pdf.

才竞争力评价。[①]

综上,国内外人才发展评价指标体系的建设思路大致可以归结为三种类型:一是根据"投入—产出—环境"思路,以投入产出效率为切入点进行评价;二是根据"规模—质量—流动—环境"思路,以人才发展核心特征为切入点进行评价;三是根据"引进—培育—留住—使用"思路,以人才吸引和使用情况为切入点进行评价。三类思路各具优势,其中投入产出视角更有助于从政府机构视角考察人才战略和人才政策效果,核心特征视角更有助于量化评估人才发展现状,吸引使用视角更适合国际人才评价或注重人才流动的应用场景。

(三) 指标体系构建

在综合考虑现有评价指标,并结合城市人才发展工作的指导思想的基础上,本书从人才发展基础、人才发展投入、人才发展环境、人才发展绩效四个维度设置一级指标,同时根据每个维度的评价重点和数据可获得性确定了二级指标,并给出了用于衡量具体情况的三级指标,如表4-1所示。

表4-1 城市人才发展评价指标体系

一级指标	二级指标	三 级 指 标
人才发展基础	经济社会基础	人均GDP(元/人)
		人均财政收入(元/人)
		人均可支配收入(元/人)

[①] IMD, "Imd World Talent Ranking 2020", IMD, 2020. https://www.imd.org/globalassets/wcc/docs/release-2020/talent/imd_world_talent_ranking_2020.pdf.

续表

一级指标	二级指标	三级指标
人才发展基础	人才资源基础	人才资源总量(人)
		每万人人才资源数量(%)
		劳动力人口受教育年限(年)
		每10万人口在校生比例(%)
人才发展投入	人才创新载体	高新技术企业数量(家)
		高等院校数量(所)
		国家工程技术中心、国家级企业技术中心(家)
		国家级园区面积(平方千米)
	人力资本投入	人均教育投入(元/人)
		人均医疗投入(元/人)
		研发投入强度(研发经费投入/GDP)
人才发展环境	教育医疗	每万人专任教师数量(%)
		获认证的国际学校数量(所)
		每万人执业医师数量(%)
		三级甲等医院床位数(个)
	住房条件	城镇人均住房建筑面积(平方米)
		房价收入比(%)
	城市文化	每万人文化机构从业人员数量(%)
		人均文化投入(元/人)

续表

一级指标	二级指标	三级指标
人才发展绩效	研发创新绩效	每亿元研发投入产生的国内授权发明专利数量(件/亿元)
		每亿元科技经费产生的科技论文数量(篇/亿元)
	产业创新绩效	高新技术产业总产值(亿元)
		每万人才高新技术产业产值(亿元/万人)
		人均技术合同交易额(元/人)

下面分别对四个维度的指标进行具体说明：

一是人才发展基础。城市人才发展基础主要体现在两个方面：(1) 经济社会基础，良好的城市经济和社会发展状态是城市人才工作顺利开展的重要基础，本书采用人均GDP、人均财政收入和人均可支配收入三个指标进行量化评价；(2) 人才资源发展基础，城市人才资源规模、结构、质量和潜力对城市人才发展至关重要，本报告采用人才资源总量评估城市人才资源规模状况，采用每万人人才资源数量评估城市人才资源在常住人口中的结构，采用劳动力人口受教育年限评估人才资源的教育质量，采用每10万人口在校生比例评估未来一个阶段内城市人才资源的发展潜力。

二是人才发展投入。城市人才发展投入水平能够在很大程度上体现未来一段时间内人才发展的总体趋势，本书选取人才创新载体和人力资本投入两个二级指标进行衡量。其中(1) 人才创新载体是创新驱动发展背景下城市发挥人才资源创新势能的主体，采用高新技术企业数量、高等院校数量、国家工程技术中心和国家级企业技术中心数量、国家级园区面积4个三级指标，从技术研发和知识创新两个层面对此进行衡量;(2) 人力资本投入是城市人才发展投入的主要组成部分,包括教育投入、医疗投入和研发投入3个要素,分别采用人均教育投入、人均医疗投入、研发投入强度(使用研发经费投入除以 GDP 获得)进行衡量。

三是人才发展环境。良好的人才发展环境有利于城市更好地吸引和集聚人才资源,也有利于通过安居乐业的生活工作状态更好地留住人才、有效发挥人才优势。本书选取教育医疗、住房条件和城市文化作为二级指标,其中(1) 教育医疗主要采用每万人专任教师数量、获认证的国际学校数量、每万人执业医师数量进行衡量、三级医院床位数4个指标进行考察;(2) 住房条件主要采用城镇人均住房建筑面积、房价收入比进行衡量,其中房价收入比为反向指标,房价收入比是指住房价格与城市居民家庭年收入之比,如果该指标过高,则表明城市居民购买住宅的支付能力不足;(3) 城市文化主要采用每万人文化机构从业人员数量和人均文化投入(市级政府一般公共预算支出中的文化支出)进行衡量。

四是人才发展绩效。城市人才发展绩效是城市人才工作的主要体现,本书选取研发创新绩效和产业创新绩效两个维度开展评价比较工作。其中(1) 研发创新绩效采用每亿元研发投入产生的国内授权发明专利数量和每亿元科技经费产生的科技论文数量两个三级指标来评价;(2) 产业创新绩效采用高新技术产业总产值、每万人才高新技术产业产值、人均技术合同交易额3个三级指标来评价。

(四) 指数测算方法

首先,根据表4-1所示的指标体系,通过各城市统计年鉴、统计公报、官方机构信息公开文件等,采集长三角地区主要城市的25项指标的原始数据。本书选取了包括上海、杭州、南京、宁波、合肥、苏州、无锡、南通、嘉兴在内的41个城市,其中数据缺失项暂采用剩余样本的均值替代。

其次,采用极差法对数据进行标准化处理,标准化后的数据在0—1之间。

最后,综合采用专家打分法对二级指标和一级指标的权重进行赋权(如表4-2所示),并对每个城市4个维度的指标得分分别进行计算,经过逐级计算后,最终获得每个城市的人才发展指数,该指数数值越大,表明人才发展水平越高。

表4-2 人才发展指数评价指标权重

一级指标	权重	二级指标	权重
人才发展基础	0.3	经济社会基础	0.5
		人才资源基础	0.5
人才发展投入	0.3	人才创新载体	0.6
		人力资源投入	0.4
人才发展环境	0.2	教育医疗	0.5
		住房条件	0.25
		城市文化	0.25
人才发展绩效	0.2	研发创新绩效	0.4
		产业创新绩效	0.6

二、长三角地区城市人才发展指数比较

在指标体系构建和测算方法确定的基础上,本节采用量化分析方法对长三角地区41个城市人才发展情况进行了比较研究,并分别对综

合排名情况、人才发展基础、人才发展投入、人才发展环境、人才发展绩效等多个维度进行了进一步比较分析,为后续讨论提供支撑。

(一) 综合排名比较

根据2020年数据,经过计算,长三角地区41个城市的人才发展指数综合排名情况如表4-3所示。为便于开展分析工作,根据指数得分将各城市人才发展情况划分为五类:第一类为A类,人才发展综合指数得分大于等于0.6,表明这些城市人才发展成效突出、优势显著,包括上海、南京两个城市;第二类为B类城市,人才发展综合指数得分在0.4—0.6之间,包括杭州、苏州、宁波、无锡、合肥5个城市,表明这些城市发展成效比较突出、优势明显;第三类为C类,人才发展综合指数得分在0.3—0.4之间,包括常州、南通、芜湖、镇江、扬州、舟山6个城市,表明这些城市人才发展成效积极,也有一定优势;第四类为D类,人才发展指数得分在0.2—0.3之间,包括绍兴、嘉兴、湖州、金华、泰州、温州、徐州、马鞍山、台州、衢州、丽水、淮安12个城市,表明这些城市人才发展优势相对薄弱;第五类为E类,人才发展指数得分在0.2以下,包括连云港、盐城、铜陵、滁州、池州、蚌埠、宣城、宿迁、淮北、安庆、六安、黄山、淮南、宿州、亳州、阜阳16个城市。

表4-3 2020年长三角地区41城市人才发展指数综合排名

排序	城 市	得分	分类	排序	城 市	得分	分类
1	上海市	0.740	A	4	苏州市	0.513	B
2	南京市	0.658	A	5	宁波市	0.420	B
3	杭州市	0.518	B	6	无锡市	0.414	B

续表

排序	城市	得分	分类	排序	城市	得分	分类
7	合肥市	0.413	B	25	淮安市	0.214	D
8	常州市	0.362	C	26	连云港市	0.188	E
9	南通市	0.319	C	27	盐城市	0.178	E
10	芜湖市	0.319	C	28	铜陵市	0.172	E
11	镇江市	0.316	C	29	滁州市	0.161	E
12	扬州市	0.304	C	30	池州市	0.153	E
13	舟山市	0.301	C	31	蚌埠市	0.152	E
14	绍兴市	0.298	D	32	宣城市	0.142	E
15	嘉兴市	0.290	D	33	宿迁市	0.137	E
16	湖州市	0.286	D	34	淮北市	0.128	E
17	金华市	0.267	D	35	安庆市	0.127	E
18	泰州市	0.260	D	36	六安市	0.118	E
19	温州市	0.255	D	37	黄山市	0.117	E
20	徐州市	0.243	D	38	淮南市	0.110	E
21	马鞍山市	0.236	D	39	宿州市	0.093	E
22	台州市	0.234	D	40	亳州市	0.089	E
23	衢州市	0.229	D	41	阜阳市	0.088	E
24	丽水市	0.229	D				

在此基础上,图4-1对长三角地区主要城市的人才发展指数综合得分情况进行了可视化展示。

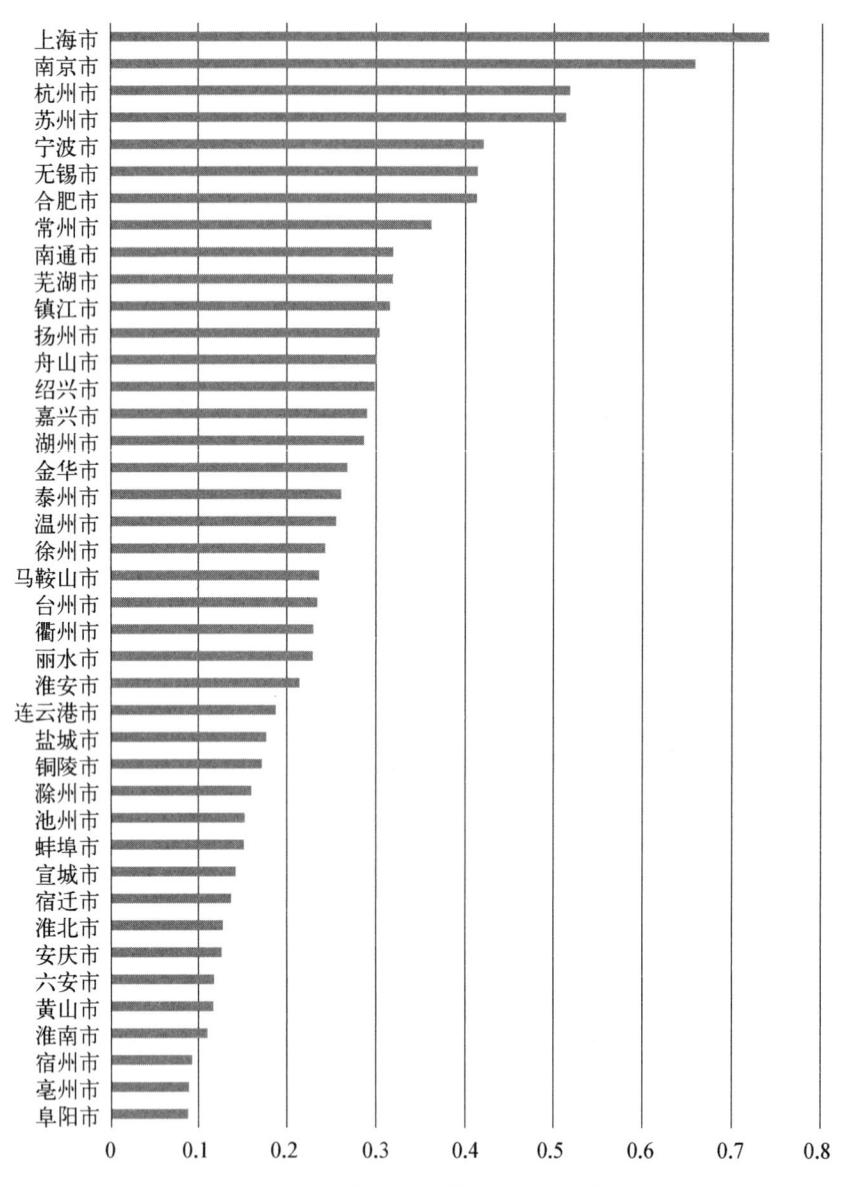

图 4-1 2020 年长三角 41 城市人才发展综合排名

(二) 人才发展基础比较

在人才发展基础维度方面,长三角地区主要城市的排名情况如表4-4所示。其中,南京和上海的人才发展基础最好,得分在0.8以上,苏州和杭州紧随其后,得分在0.6以上;宁波、无锡、常州的人才发展基础较好,得分高于0.5,合肥、绍兴、嘉兴、舟山排名靠前,得分高于0.4;此外,宣城、六安、宿州、阜阳、亳州的人才发展基础较差,得分低于0.1。

表4-4 2020年长三角地区41城市人才发展基础排名

排序	城市	得分	排序	城市	得分
1	南京市	0.823	15	南通市	0.376
2	上海市	0.815	16	芜湖市	0.349
3	苏州市	0.657	17	扬州市	0.346
4	杭州市	0.616	18	台州市	0.326
5	宁波市	0.579	19	马鞍山市	0.318
6	无锡市	0.542	20	温州市	0.315
7	常州市	0.500	21	泰州市	0.291
8	合肥市	0.473	22	衢州市	0.257
9	绍兴市	0.458	23	徐州市	0.234
10	嘉兴市	0.442	24	丽水市	0.232
11	舟山市	0.404	25	盐城市	0.227
12	金华市	0.390	26	铜陵市	0.206
13	湖州市	0.387	27	连云港市	0.198
14	镇江市	0.383	28	淮安市	0.185

续表

排　序	城　市	得　分	排　序	城　市	得　分
29	安庆市	0.176	36	淮南市	0.115
30	池州市	0.165	37	宣城市	0.096
31	黄山市	0.143	38	六安市	0.092
32	滁州市	0.136	39	宿州市	0.073
33	淮北市	0.132	40	阜阳市	0.021
34	宿迁市	0.131	41	亳州市	0.007
35	蚌埠市	0.125			

在此基础上,图4-2对长三角地区主要城市的人才发展基础得分情况进行了可视化展示。

进一步地,分别对人才发展基础的两个分指标的排名情况进行分析。经济社会基础分指标的排名情况如表4-5所示。其中,南京、上海、苏州的经济社会基础最好,排名前三,得分在0.8以上,无锡、杭州紧随其后,得分在0.7以上;宁波的经济社会基础排名第六,得分为0.687,常州、舟山、嘉兴、合肥的经济社会基础较好,得分在0.5以上;此外,淮南、淮北、六安、宿州、阜阳、亳州的经济社会基础较差,得分低于0.1。

人才资源基础分指标的排名情况如表4-6所示。其中,上海、南京的人才资源基础最好,处于第一梯队,得分在0.7以上;杭州、苏州、宁波、合肥、金华、绍兴、常州的人才资源基础与上海和南京相比仍有差距,但得分均在0.4以上,处于第二梯队;芜湖、嘉兴、湖州、无锡、镇江、扬州、台州的人才资源基础得分则不足上海和南京的一半,差距十分明显;此外,宣城、阜阳、亳州的人才资源基础较差,得分低于0.1。

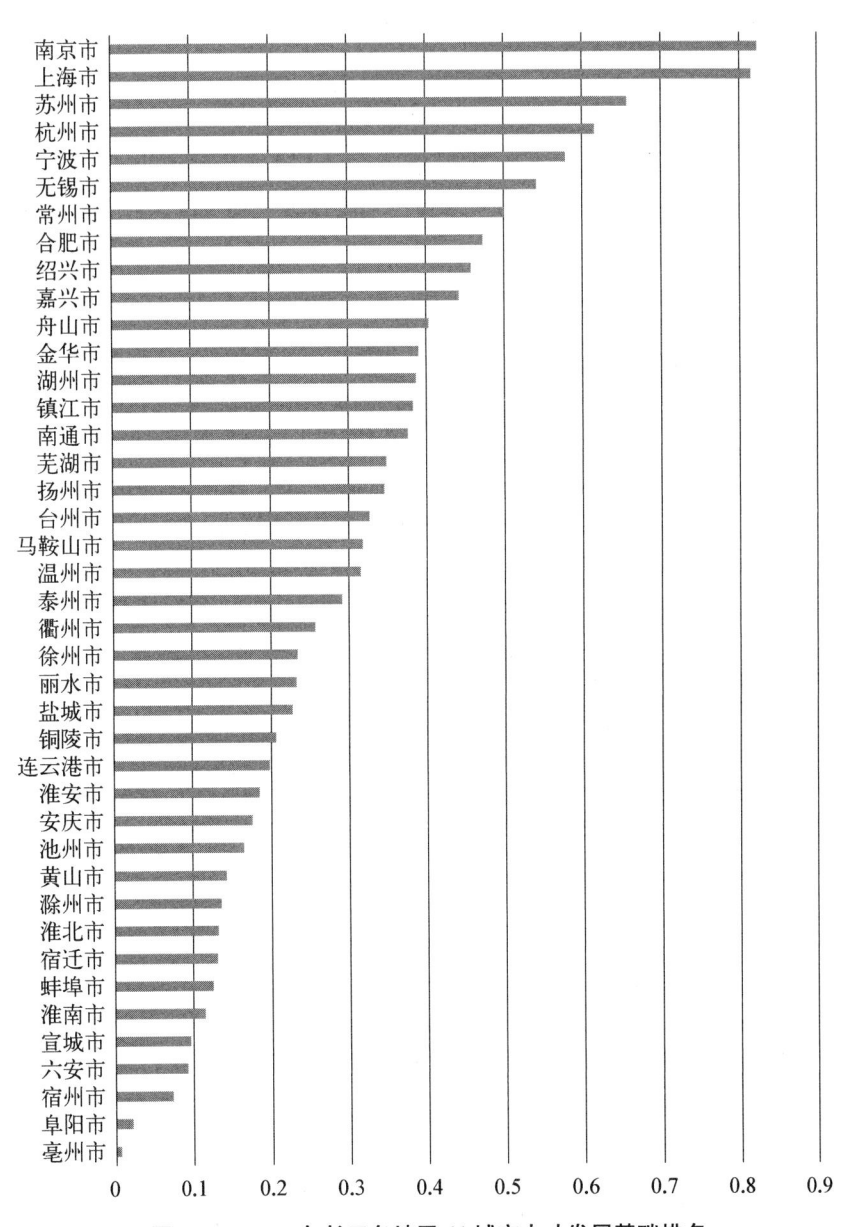

图 4-2 2020 年长三角地区 41 城市人才发展基础排名

表 4-5 2020 年长三角地区 41 城市经济社会基础分指标排名

排 序	城 市	经济社会基础	排 序	城 市	经济社会基础
1	南京市	0.904	22	衢州市	0.234
2	上海市	0.887	23	丽水市	0.226
3	苏州市	0.821	24	盐城市	0.223
4	无锡市	0.738	25	徐州市	0.212
5	杭州市	0.732	26	淮安市	0.208
6	宁波市	0.687	27	连云港市	0.176
7	常州市	0.577	28	黄山市	0.167
8	舟山市	0.518	29	安庆市	0.153
9	嘉兴市	0.511	30	池州市	0.146
10	合肥市	0.505	31	铜陵市	0.142
11	绍兴市	0.488	32	宿迁市	0.131
12	南通市	0.478	33	宣城市	0.115
13	镇江市	0.453	34	滁州市	0.113
14	湖州市	0.428	35	蚌埠市	0.110
15	扬州市	0.385	36	淮南市	0.094
16	马鞍山市	0.359	37	淮北市	0.080
17	泰州市	0.354	38	六安市	0.041
18	台州市	0.350	39	宿州市	0.022
19	金华市	0.347	40	阜阳市	0.010
20	温州市	0.335	41	亳州市	0.002
21	芜湖市	0.317			

表4-6 2020年长三角地区41城市人才资源基础分指标排名

排序	城市	人才资源基础	排序	城市	人才资源基础
1	上海市	0.743	22	铜陵市	0.270
2	南京市	0.742	23	徐州市	0.256
3	杭州市	0.499	24	丽水市	0.238
4	苏州市	0.493	25	盐城市	0.231
5	宁波市	0.471	26	泰州市	0.228
6	合肥市	0.441	27	连云港市	0.219
7	金华市	0.433	28	安庆市	0.198
8	绍兴市	0.427	29	淮北市	0.185
9	常州市	0.423	30	池州市	0.183
10	芜湖市	0.381	31	淮安市	0.161
11	嘉兴市	0.374	32	滁州市	0.159
12	湖州市	0.347	33	六安市	0.143
13	无锡市	0.346	34	蚌埠市	0.140
14	镇江市	0.313	35	淮南市	0.136
15	扬州市	0.307	36	宿迁市	0.131
16	台州市	0.303	37	宿州市	0.124
17	温州市	0.295	38	黄山市	0.120
18	舟山市	0.290	39	宣城市	0.076
19	衢州市	0.280	40	阜阳市	0.032
20	马鞍山市	0.276	41	亳州市	0.011
21	南通市	0.274			

在此基础上,选取经济社会基础和人才资源基础排名前10的城市进行可视化分析,结果如图4-3所示。其中,南京、上海、苏州、杭州、宁波、常州在两个分指标上的排名均在前10名内,表明这些城市在经济社会和人才资源两个方面均具有良好基础。

(a) 经济社会基础排名前10

(b) 人才资源基础排名前10

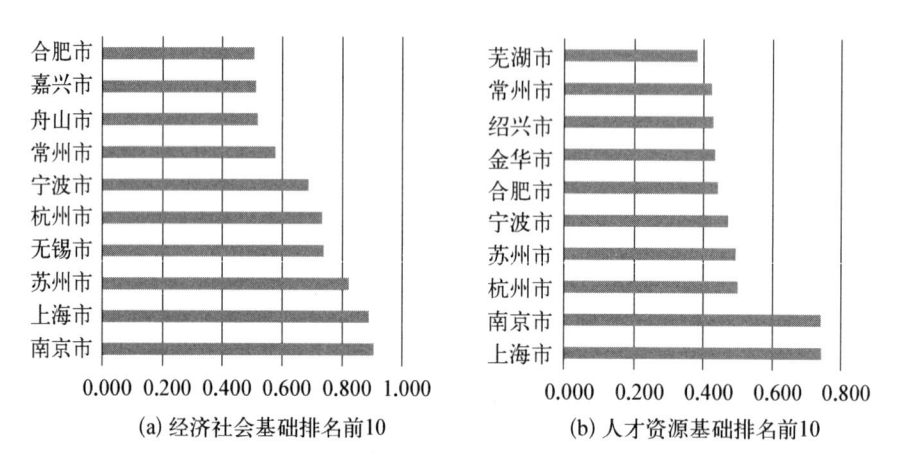

图4-3 2020年长三角地区经济社会基础和人才资源基础排名前10的城市

(三) 人才发展投入比较

在人才发展投入维度上,长三角地区主要城市的得分排名情况如表4-7所示。其中,上海的人才发展投入排名第一,得分为0.872,南京排名第二,得分为0.561,与上海相比仍有一定差距,表明上海和南京的人才发展投入水平很高;苏州、杭州、合肥的排名紧随其后,得分在0.4以上,同时宁波和无锡的得分在0.3以上,表明这些城市的人才发展投入水平较高,但与排名第一的上海相比仍有很大差距;此外,宣城、淮南、安庆、阜阳、淮北、黄山、宿州、亳州的人才发展投入较低,得分在0.1以下。

表 4-7　2020 年长三角地区 41 城市人才发展投入排名

排　序	城　市	得　分	排　序	城　市	得　分
1	上海市	0.872	22	盐城市	0.157
2	南京市	0.561	23	温州市	0.155
3	苏州市	0.492	24	宿迁市	0.153
4	杭州市	0.490	25	铜陵市	0.153
5	合肥市	0.424	26	徐州市	0.153
6	宁波市	0.333	27	舟山市	0.149
7	无锡市	0.318	28	马鞍山市	0.149
8	芜湖市	0.269	29	台州市	0.143
9	丽水市	0.269	30	池州市	0.138
10	湖州市	0.261	31	六安市	0.122
11	南通市	0.255	32	滁州市	0.119
12	镇江市	0.243	33	蚌埠市	0.109
13	绍兴市	0.234	34	宣城市	0.095
14	泰州市	0.220	35	淮南市	0.093
15	扬州市	0.219	36	安庆市	0.091
16	嘉兴市	0.206	37	阜阳市	0.086
17	衢州市	0.204	38	淮北市	0.073
18	连云港市	0.189	39	黄山市	0.037
19	常州市	0.189	40	宿州市	0.014
20	金华市	0.188	41	亳州市	0.007
21	淮安市	0.171			

在此基础上,图4-4对长三角地区主要城市的人才发展投入得分情况进行了可视化展示。

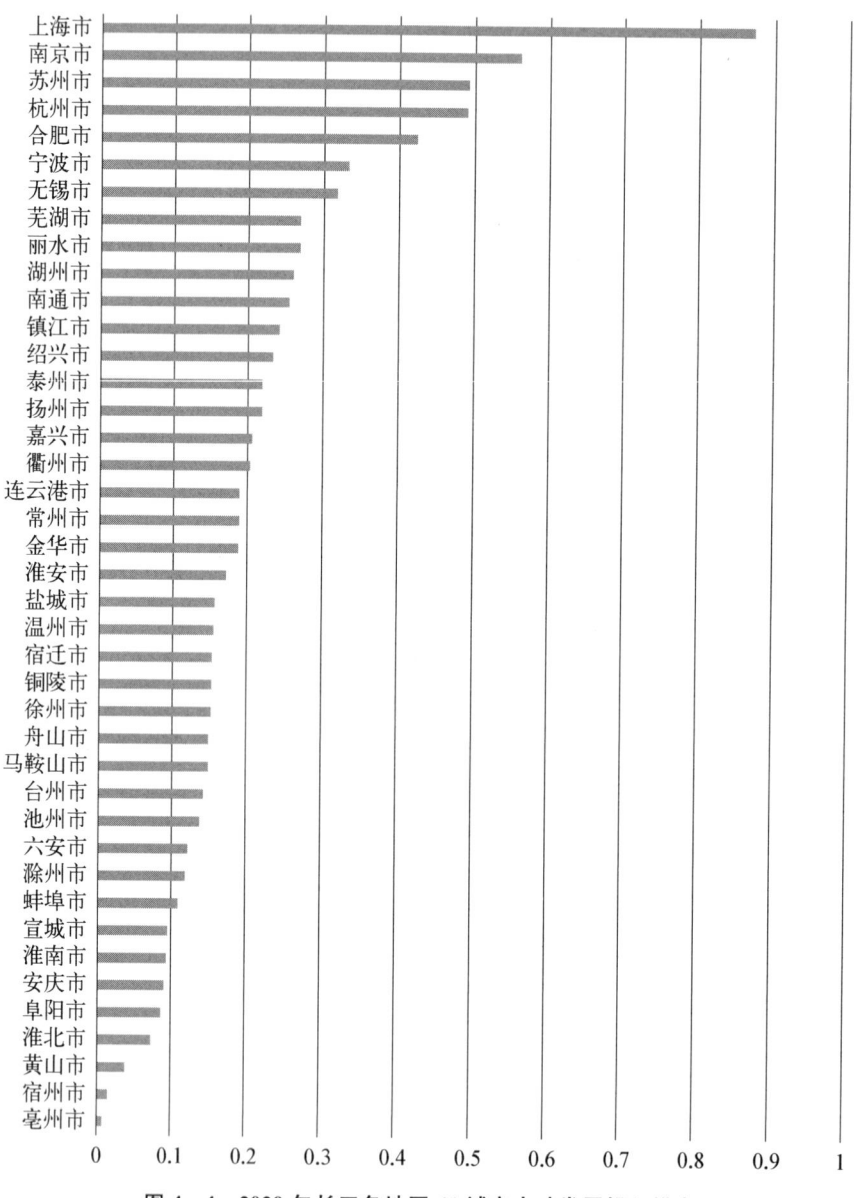

图4-4 2020年长三角地区41城市人才发展投入排名

进一步地，分别对人才创新载体和人力资本投入两个分指标的排名情况进行分析。人才创新载体分指标的排名情况如表4-8所示。其中，上海的人才创新载体基础最好，在长三角地区排名第一，得分为0.799，苏州排名第二，得分为0.523；南京、杭州、合肥的人才创新载体基础较好，得分在0.3以上；南通、宁波、无锡、绍兴、芜湖的人才创新载体基础一般，得分在0.1以上；其他城市的得分普遍在0.1以下，表明长三角地区城市在人才创新载体方面普遍存在短板。

表4-8 2020年长三角地区41城市人才创新载体分指标排名

排序	城市	人才创新载体	排序	城市	人才创新载体
1	上海市	0.799	15	徐州市	0.082
2	苏州市	0.523	16	湖州市	0.077
3	南京市	0.471	17	泰州市	0.073
4	杭州市	0.467	18	台州市	0.068
5	合肥市	0.392	19	盐城市	0.067
6	南通市	0.186	20	常州市	0.064
7	宁波市	0.171	21	扬州市	0.064
8	无锡市	0.169	22	宿迁市	0.063
9	绍兴市	0.156	23	淮安市	0.063
10	芜湖市	0.110	24	马鞍山市	0.052
11	金华市	0.094	25	安庆市	0.050
12	温州市	0.089	26	镇江市	0.048
13	嘉兴市	0.088	27	宣城市	0.045
14	连云港市	0.082	28	池州市	0.039

续表

排 序	城 市	人才创新载体	排 序	城 市	人才创新载体
29	滁州市	0.035	36	舟山市	0.013
30	铜陵市	0.030	37	丽水市	0.010
31	蚌埠市	0.028	38	淮北市	0.009
32	淮南市	0.026	39	宿州市	0.007
33	衢州市	0.023	40	黄山市	0.007
34	六安市	0.017	41	亳州市	0.004
35	阜阳市	0.016			

人力资本投入分指标的排名情况如表4-9所示。其中,上海的人力资本投入得分最高,在长三角地区城市中遥遥领先,得分为0.982,南京和丽水紧随其后,排名第二和第三,得分在0.6以上,表明人力资本投入很高,但与排名第一的上海相比仍有不小的差距;宁波、无锡、湖州、镇江、杭州、芜湖的人力资本投入较高,得分在0.5以上;此外,黄山、宿州、亳州的人力资本投入较低,得分在0.1以下。

表4-9 2020年长三角地区41城市人力资本投入分指标排名

排 序	城 市	人力资本投入	排 序	城 市	人力资本投入
1	上海市	0.982	5	无锡市	0.541
2	南京市	0.695	6	湖州市	0.537
3	丽水市	0.658	7	镇江市	0.534
4	宁波市	0.576	8	杭州市	0.525

续表

排 序	城 市	人力资本投入	排 序	城 市	人力资本投入
9	芜湖市	0.509	26	宿迁市	0.288
10	衢州市	0.474	27	池州市	0.287
11	合肥市	0.472	28	六安市	0.280
12	扬州市	0.453	29	徐州市	0.259
13	苏州市	0.445	30	温州市	0.255
14	泰州市	0.440	31	台州市	0.254
15	嘉兴市	0.384	32	滁州市	0.245
16	常州市	0.376	33	蚌埠市	0.231
17	南通市	0.359	34	淮南市	0.194
18	舟山市	0.354	35	阜阳市	0.193
19	绍兴市	0.351	36	宣城市	0.171
20	连云港市	0.350	37	淮北市	0.168
21	铜陵市	0.338	38	安庆市	0.151
22	淮安市	0.334	39	黄山市	0.082
23	金华市	0.328	40	宿州市	0.026
24	马鞍山市	0.294	41	亳州市	0.012
25	盐城市	0.290			

在此基础上,选取人才创新载体和人力资本投入排名前10的城市进行可视化分析,结果如图4-5所示。其中,上海在两个分指标的排名中均名列第一,且与排名第二的城市拉开了差距,表明上海在人才发展投入维度具有明显优势。同时,南京、宁波、杭州、无锡、芜湖在两个分指标上

的排名均在前10名内,表明这些城市在人才创新载体和人力资本投入两个方面均具有良好基础。此外,丽水在人力资本投入分指标上表现突出。

(a) 人才创新载体排名前10城市

(b) 人力资本投入排名前10城市

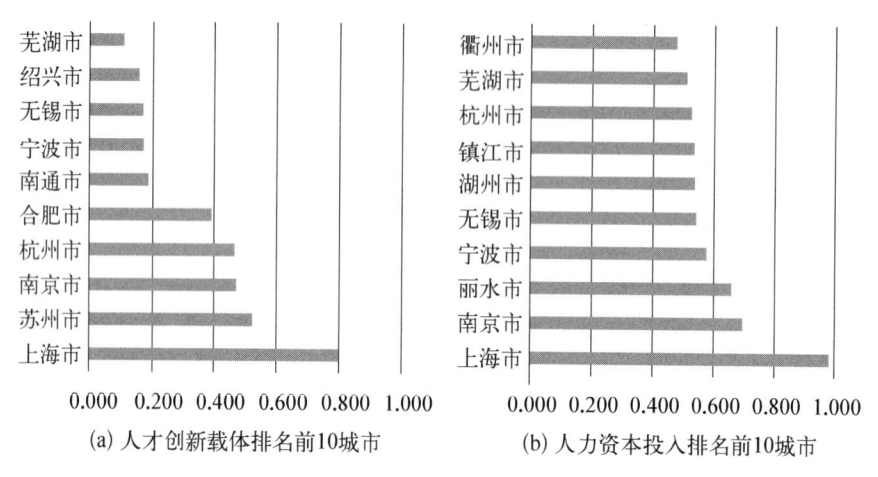

图4-5 2020年长三角地区人才创新载体和人力资本投入排名前10的城市

(四)人才发展环境比较

在人才发展环境维度方面,长三角地区主要城市的得分排名情况如表4-10所示。其中,上海、南京的人才发展环境排名靠前,得分在0.6以上;杭州、常州的排名紧随其后,得分在0.4以上,表明这两个城市的人才发展环境较好;其他城市的得分集中在0.39—0.1之间,相邻排名的城市得分差距较小,其中宁波、镇江、无锡的表现较好,淮北、淮南、铜陵的表现较差。

表4-10 2020年长三角地区41城市人才发展环境排名

排序	城市	得分	排序	城市	得分
1	上海市	0.678	4	常州市	0.434
2	南京市	0.604	5	宁波市	0.388
3	杭州市	0.445	6	镇江市	0.348

续表

排　序	城　市	得　分	排　序	城　市	得　分
7	无锡市	0.340	25	盐城市	0.224
8	扬州市	0.336	26	池州市	0.209
9	衢州市	0.333	27	黄山市	0.194
10	泰州市	0.332	28	嘉兴市	0.175
11	丽水市	0.321	29	芜湖市	0.169
12	金华市	0.320	30	亳州市	0.168
13	苏州市	0.312	31	宿州市	0.156
14	舟山市	0.308	32	蚌埠市	0.153
15	徐州市	0.294	33	六安市	0.151
16	温州市	0.293	34	安庆市	0.139
17	淮安市	0.288	35	马鞍山市	0.129
18	绍兴市	0.257	36	阜阳市	0.111
19	合肥市	0.251	37	宣城市	0.111
20	宿迁市	0.250	38	滁州市	0.109
21	台州市	0.244	39	淮北市	0.105
22	湖州市	0.236	40	淮南市	0.103
23	南通市	0.232	41	铜陵市	0.100
24	连云港市	0.229			

在此基础上,图4-6对长三角地区主要城市的人才发展环境得分情况进行了可视化展示。

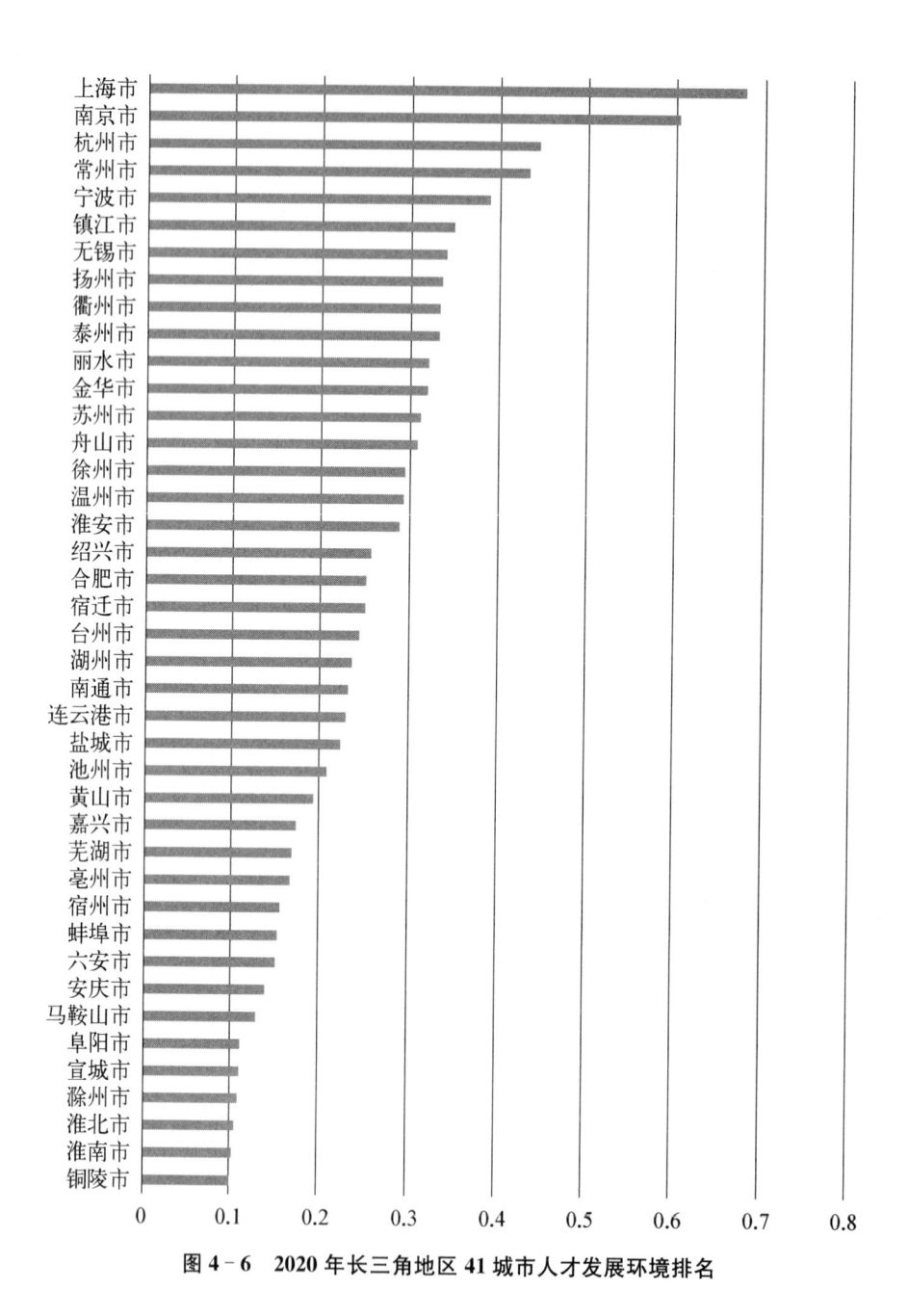

图 4-6 2020年长三角地区41城市人才发展环境排名

进一步地，分别对教育医疗、住房条件、城市文化三个分指标的排名情况进行分析。教育医疗分指标的排名情况如表4-11所示。其中，上海、南京、杭州排名前三，得分在0.6以上，表明在教育医疗领域具备很好的基础；合肥、无锡、苏州的得分在0.3以上，虽然与前三名城市有一定差距，但总体上来说仍具备较好的教育医疗基础；此外，滁州、淮北、铜陵、池州、阜阳、淮南、六安、安庆、宣城、宿州、亳州的教育医疗基础较差，得分在0.1以下。

表4-11 2020年长三角地区41城市教育医疗分指标排名

排序	城市	教育医疗	排序	城市	教育医疗
1	上海市	0.699	14	扬州市	0.193
2	南京市	0.664	15	舟山市	0.192
3	杭州市	0.626	16	台州市	0.182
4	合肥市	0.327	17	南通市	0.180
5	无锡市	0.322	18	镇江市	0.179
6	苏州市	0.305	19	湖州市	0.175
7	宁波市	0.293	20	嘉兴市	0.170
8	徐州市	0.282	21	衢州市	0.167
9	温州市	0.265	22	芜湖市	0.164
10	常州市	0.245	23	淮安市	0.162
11	金华市	0.218	24	盐城市	0.157
12	丽水市	0.214	25	泰州市	0.140
13	绍兴市	0.210	26	连云港市	0.136

续表

排　序	城　市	教育医疗	排　序	城　市	教育医疗
27	马鞍山市	0.123	35	阜阳市	0.051
28	宿迁市	0.121	36	淮南市	0.051
29	蚌埠市	0.118	37	六安市	0.049
30	黄山市	0.112	38	安庆市	0.047
31	滁州市	0.086	39	宣城市	0.045
32	淮北市	0.084	40	宿州市	0.025
33	铜陵市	0.077	41	亳州市	0.012
34	池州市	0.066			

住房条件分指标的排名情况如表4-12所示。其中,泰州、常州、亳州、镇江的排名居前,得分在0.6以上,表明这些城市的住房条件优越,观察到排名靠前的城市与人才发展环境得分居前城市差异较大;台州、扬州、温州、金华、连云港、宿州、淮安、上海、徐州、南通、绍兴、衢州、池州、苏州的住房条件较好,得分在0.5以上;此外,铜陵、芜湖、马鞍山的住房条件较差,得分在0.2以下。

表4-12　2020年长三角地区41城市住房条件分指标排名

排　序	城　市	住房条件	排　序	城　市	住房条件
1	泰州市	0.717	5	台州市	0.594
2	常州市	0.679	6	扬州市	0.591
3	亳州市	0.605	7	温州市	0.583
4	镇江市	0.604	8	金华市	0.576

续表

排 序	城 市	住房条件	排 序	城 市	住房条件
9	连云港市	0.573	26	安庆市	0.404
10	宿州市	0.571	27	六安市	0.399
11	淮安市	0.567	28	杭州市	0.391
12	上海市	0.560	29	嘉兴市	0.324
13	徐州市	0.548	30	蚌埠市	0.305
14	南通市	0.537	31	宣城市	0.294
15	绍兴市	0.524	32	淮南市	0.261
16	衢州市	0.517	33	阜阳市	0.258
17	池州市	0.514	34	丽水市	0.240
18	苏州市	0.512	35	滁州市	0.236
19	盐城市	0.499	36	湖州市	0.212
20	南京市	0.488	37	淮北市	0.211
21	宁波市	0.482	38	合肥市	0.202
22	黄山市	0.477	39	铜陵市	0.176
23	宿迁市	0.443	40	芜湖市	0.160
24	舟山市	0.419	41	马鞍山市	0.149
25	无锡市	0.407			

城市文化分指标的排名情况如表4-13所示。其中,上海、丽水、南京、常州的排名居前,得分在0.5以上,表明城市文化氛围浓厚,有利于人才发展;宁波、衢州、镇江、舟山的城市文化氛围较好,得分在0.4分

以上,湖州、扬州、泰州、宿迁、无锡紧随其后;此外,淮南、亳州、淮北、嘉兴、南通、滁州、台州、宿州的排名靠后,得分低于 0.05,表明在城市文化的塑造方面仍有较大的上升空间。

表 4-13　2020 年长三角地区 41 城市文化分指标排名

排序	城市	城市文化	排序	城市	城市文化
1	上海市	0.755	18	合肥市	0.148
2	丽水市	0.614	19	杭州市	0.136
3	南京市	0.598	20	苏州市	0.125
4	常州市	0.566	21	马鞍山市	0.124
5	宁波市	0.485	22	六安市	0.108
6	衢州市	0.481	23	阜阳市	0.085
7	镇江市	0.431	24	绍兴市	0.082
8	舟山市	0.430	25	盐城市	0.082
9	湖州市	0.382	26	黄山市	0.076
10	扬州市	0.366	27	连云港市	0.073
11	泰州市	0.332	28	铜陵市	0.073
12	宿迁市	0.317	29	蚌埠市	0.072
13	无锡市	0.310	30	徐州市	0.065
14	金华市	0.265	31	宣城市	0.060
15	淮安市	0.262	32	温州市	0.059
16	池州市	0.190	33	安庆市	0.058
17	芜湖市	0.189	34	淮南市	0.049

续表

排 序	城 市	城市文化	排 序	城 市	城市文化
35	亳州市	0.043	39	滁州市	0.028
36	淮北市	0.042	40	台州市	0.017
37	嘉兴市	0.034	41	宿州市	0.003
38	南通市	0.032			

在此基础上,选取教育医疗、住房条件、城市文化分指标排名前10的城市进行可视化分析,结果如图4-7所示。其中,住房条件的排名与教育医疗和城市文化两个分指标的榜单差异较大。在住房条件分指标方面,一线城市得分较低,表现出明显劣势,而泰州、常州、亳州则表现突出。而在教育医疗和城市文化分指标方面,上海在两项排名中均名列第一,同时南京、宁波、常州在两项排名上均在前10名内,表明上述城市具有很好的教育医疗和城市文化基础。此外,杭州在教育医疗分指标上具有优势,丽水在城市文化分指标上具有优势。

(五) 人才发展绩效比较

在人才发展绩效维度方面,长三角地区主要城市的得分排名情况如表4-14所示。其中,南京、苏州的排名居前,得分在0.5以上,表明上述城市的人才发展绩效在长三角地区城市中表现最好;芜湖、上海、杭州、合肥、无锡、南通的排名紧随其后,得分在0.4以上,表明这些城市的人才发展绩效较好;此外,安庆、盐城、丽水、宿迁的人才发展绩效较差,得分均低于0.1。

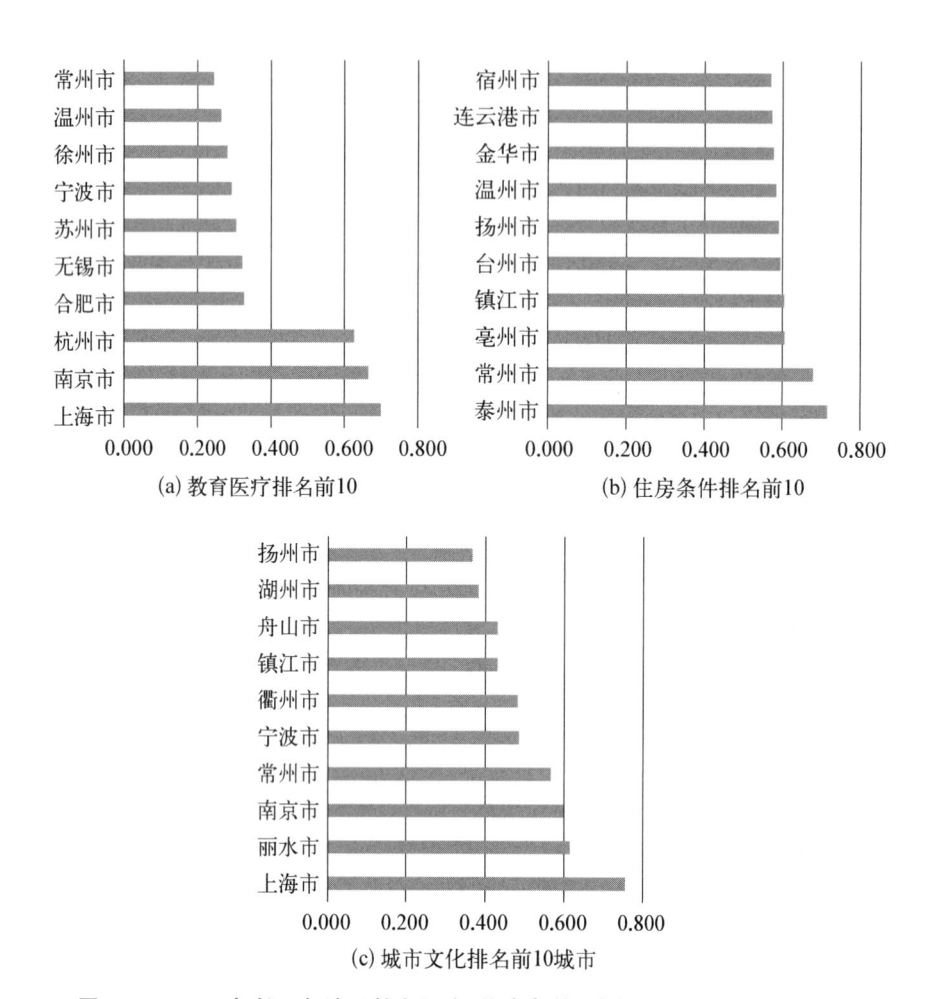

图4-7 2020年长三角地区教育医疗、住房条件、城市文化排名前10的城市

表4-14 2020年长三角地区41城市人才发展绩效排名

排 序	城 市	得 分	排 序	城 市	得 分
1	南京市	0.609	4	上海市	0.491
2	苏州市	0.530	5	杭州市	0.485
3	芜湖市	0.498	6	合肥市	0.468

续表

排　序	城　市	得　分	排　序	城　市	得　分
7	无锡市	0.439	25	台州市	0.223
8	南通市	0.416	26	铜陵市	0.222
9	舟山市	0.365	27	泰州市	0.203
10	马鞍山市	0.351	28	绍兴市	0.197
11	宁波市	0.346	29	宿州市	0.180
12	常州市	0.341	30	阜阳市	0.168
13	徐州市	0.339	31	金华市	0.150
14	扬州市	0.336	32	淮南市	0.136
15	宣城市	0.315	33	连云港市	0.129
16	滁州市	0.312	34	衢州市	0.122
17	嘉兴市	0.300	35	黄山市	0.120
18	镇江市	0.292	36	六安市	0.116
19	温州市	0.275	37	池州市	0.103
20	亳州市	0.259	38	安庆市	0.094
21	蚌埠市	0.256	39	盐城市	0.089
22	淮安市	0.246	40	丽水市	0.071
23	淮北市	0.225	41	宿迁市	0.009
24	湖州市	0.225			

在此基础上，图4-8对长三角地区主要城市的人才发展绩效得分情况进行了可视化展示。

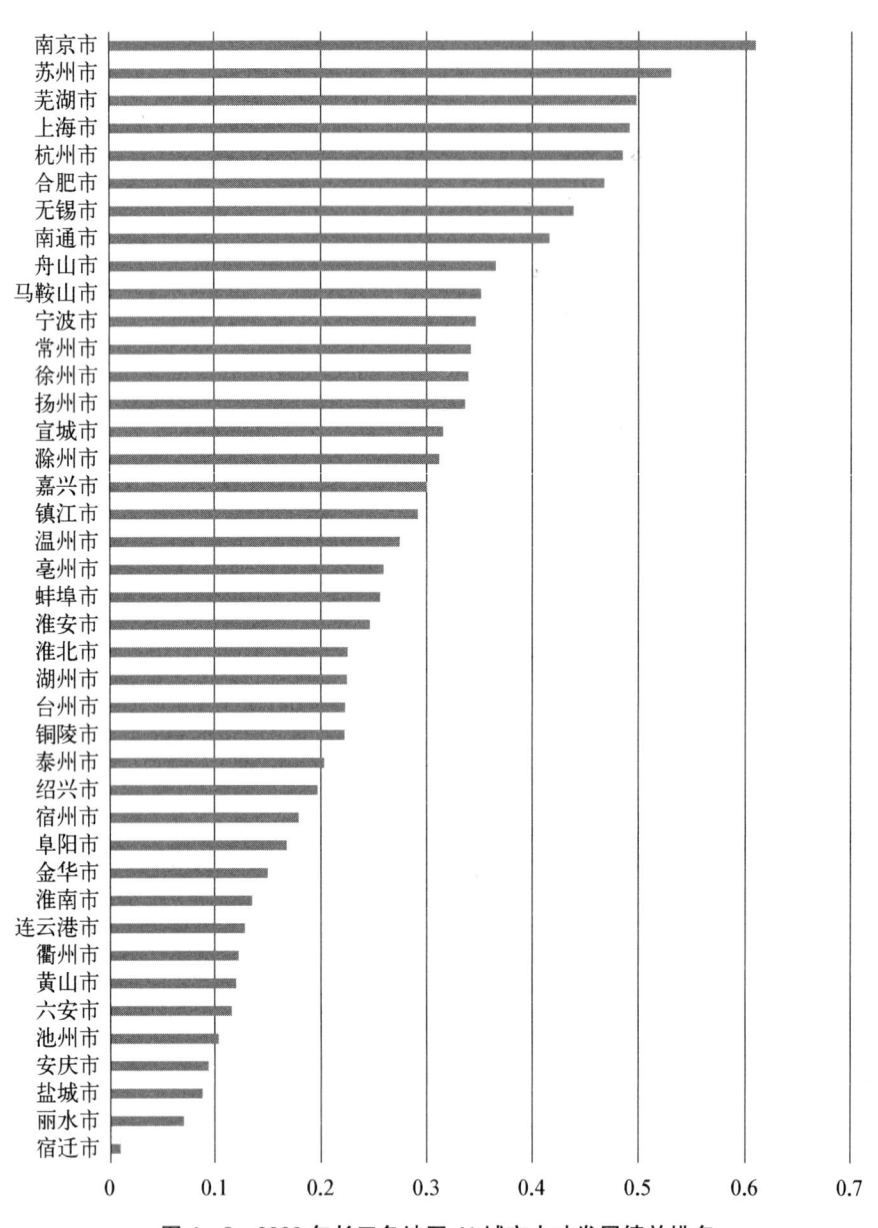

图 4-8 2020 年长三角地区 41 城市人才发展绩效排名

进一步地,分别对研发创新绩效和产业创新绩效两个分指标的排名情况进行分析。研发创新绩效的排名情况如表4-15所示。其中,南京、亳州、温州的排名居前,得分高于0.5,表明城市研发创新绩效优异;舟山、杭州、宿州、淮北、镇江、阜阳的排名紧随其后,得分均高于或等于0.3,表明城市研发创新绩效较好;此外,盐城、安庆、黄山、泰州、铜陵、池州、宿迁的排名垫底,得分均低于0.1,表明城市研发创新绩效较差。

表4-15　2020年长三角地区41城市研发创新绩效分指标排名

排 序	城　市	研发创新绩效	排 序	城　市	研发创新绩效
1	南京市	0.699	15	合肥市	0.265
2	亳州市	0.515	16	淮安市	0.225
3	温州市	0.504	17	金华市	0.217
4	舟山市	0.426	18	芜湖市	0.198
5	杭州市	0.398	19	马鞍山市	0.186
6	宿州市	0.374	20	衢州市	0.182
7	淮北市	0.362	21	绍兴市	0.174
8	镇江市	0.327	22	无锡市	0.173
9	阜阳市	0.300	23	常州市	0.163
10	上海市	0.289	24	六安市	0.162
11	淮南市	0.288	25	宣城市	0.149
12	徐州市	0.284	26	宁波市	0.147
13	扬州市	0.280	27	湖州市	0.147
14	台州市	0.271	28	苏州市	0.147

续表

排序	城市	研发创新绩效	排序	城市	研发创新绩效
29	蚌埠市	0.139	36	安庆市	0.095
30	南通市	0.139	37	黄山市	0.088
31	滁州市	0.128	38	泰州市	0.070
32	丽水市	0.124	39	铜陵市	0.062
33	嘉兴市	0.123	40	池州市	0.039
34	连云港市	0.110	41	宿迁市	0.017
35	盐城市	0.099			

产业创新绩效的排名情况如表4-16所示。其中,苏州排名第一,得分为0.786,芜湖、上海、无锡、合肥、南通的得分均在0.6以上,表明上述城市的产业创新绩效优异;南京、杭州的得分均在0.5以上,宁波、马鞍山、常州、滁州、宣城、嘉兴的得分均在0.4以上,表明上述城市的产业创新绩效较好;此外,宿州、丽水、淮南、宿迁的产业创新绩效较差,得分在0.05及以下。

表4-16 2020年长三角地区41城市产业创新绩效分指标排名

排序	城市	产业创新绩效	排序	城市	产业创新绩效
1	苏州市	0.786	5	合肥市	0.603
2	芜湖市	0.698	6	南通市	0.601
3	上海市	0.626	7	南京市	0.549
4	无锡市	0.616	8	杭州市	0.544

续表

排 序	城 市	产业创新绩效	排 序	城 市	产业创新绩效
9	宁波市	0.479	26	池州市	0.147
10	马鞍山市	0.462	27	连云港市	0.141
11	常州市	0.460	28	黄山市	0.141
12	滁州市	0.434	29	淮北市	0.134
13	宣城市	0.426	30	温州市	0.122
14	嘉兴市	0.419	31	金华市	0.106
15	徐州市	0.376	32	安庆市	0.093
16	扬州市	0.373	33	亳州市	0.088
17	蚌埠市	0.334	34	六安市	0.085
18	铜陵市	0.329	35	衢州市	0.083
19	舟山市	0.324	36	盐城市	0.081
20	泰州市	0.292	37	阜阳市	0.081
21	湖州市	0.276	38	宿州市	0.050
22	镇江市	0.269	39	丽水市	0.035
23	淮安市	0.260	40	淮南市	0.034
24	绍兴市	0.212	41	宿迁市	0.004
25	台州市	0.191			

在此基础上,选取研发创新绩效和产业创新绩效排名前10的城市进行可视化分析,结果如图4-9所示。其中,南京、杭州、上海在两项排名中均位列前10名,表明上述城市在人才发展绩效的两个维度上均

有较大优势。同时,亳州和温州在研发创新绩效分指标上排名靠前,苏州、芜湖则在产业创新绩效分指标上排名靠前,表明长三角地区城市在人才发展绩效方面各有所长。

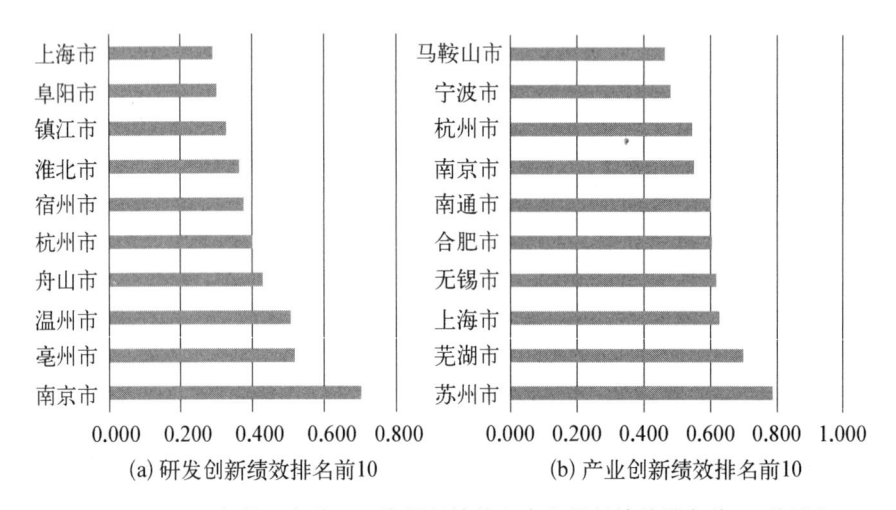

图4-9 2020年长三角地区研发创新绩效和产业创新绩效排名前10的城市

三、长三角地区主要城市人才发展优劣势分析

在人才发展指数核算的基础上,选取长三角地区综合排名前5的城市开展深入分析,即对上海、南京、杭州、苏州、宁波这5个城市人才发展的主要优势和主要短板进行归纳总结。

(一)上海

1. 主要优势

(1)城市核心功能锁定"头雁效应"

从人才发展指数的分析结果来看,上海在人才发展基础上的得分领先,并且在经济社会基础和人才资源基础两个分指标上均名列前茅,表明上海在长三角地区的人才发展中具有引领作用。这得益于上海在全国经济社会发展中承载着核心功能,因而长期以来在长三角地区人才发展中发挥"头雁效应"。

一是从城市功能定位来看,上海在新发展格局中承载着国内大循环中心节点、国内国际双循环战略链接的重要功能,是国内国际重要的资源配置中心。一方面,上海正在大力推进国际经济、金融、贸易、航运和科技创新等"五个中心"建设,目前已经成为仅次于纽约、伦敦、东京的国际金融中心,口岸货物进出口总额突破8 000亿元,集装箱吞吐量连续10年蝉联全球第一,是全球资本配置和航运的重要枢纽;另一方面,上海积极引领长三角一体化建设,与兄弟省市齐心合力依托"示范区"建设,从多方渠道入手探索打破行政边界、提高创新效率的组织、管理和服务模式,为构建新时代改革开放高地、全国发展活跃增长极奠定基础,是国内新循环的重要枢纽之一。

二是从人才集聚来看,近年来上海人才资源总量持续增长,截至2020年已达到675万人,每万人人才资源数量为2 780人。图4-10对长三角地区每万人人才资源数量排名前10的城市进行了描述。同时,对海外人才的吸引力持续增强,在"外籍人才眼中最具吸引力城市"的评选中连续多年蝉联全国榜首,在沪工作外籍人才已经达到28万人,占全国的约1/4,是出国留学人员归国就业创业的首选城市之一。在长三角地区主要城市的人才发展进程中,上海无疑具备枢纽功能,借助自身地理区位和城市功能优势,通过深化建设以国家实验室、大科学设施为代表的研发机构,培育科技领军企业和世界级创新产业集群,为塑造人才强国雁阵格局奠定了坚实基础,为长三角地区人才发展提供了战略支撑。

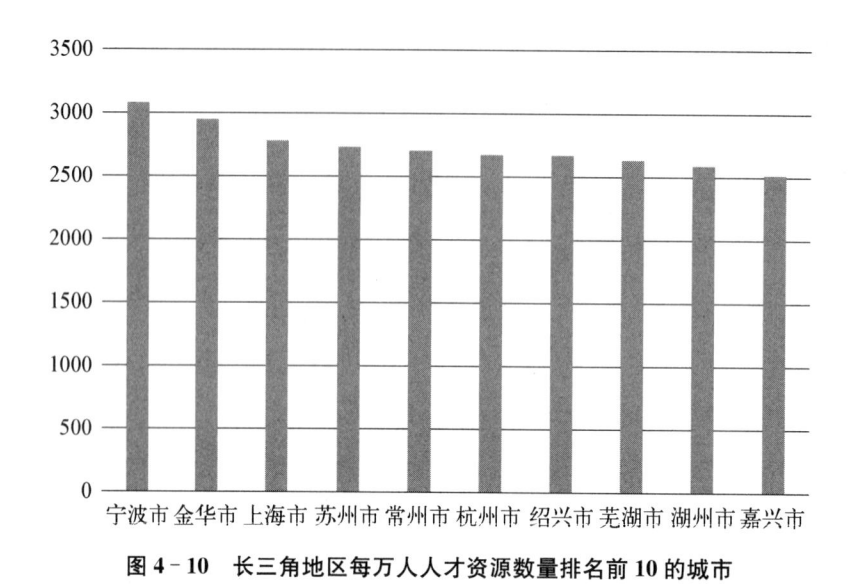

图 4-10 长三角地区每万人人才资源数量排名前 10 的城市

(2) 资源汇聚形成引才强磁场

上海在人才发展投入上的得分在长三角地区城市中排名第一,且大幅领先于第二名的南京,同时在人才创新载体和人才资本投入两个分指标上均位列第一,表明上海在人才发展投入维度具有明显优势,能够通过汇聚相关资源形成引才、用才、留才的良好通路。

一是多元创新载体为各类人才提供舞台。在研究型创新载体方面,上海高等教育资源丰富,拥有高等院校 85 所,近年来每年本科应届毕业生数量超过 22 万,为上海强化科技攻关优势奠定了坚实基础,也为上海提供了大量青年创新人才。在应用型创新载体方面,上海有高新企业超过 1.2 万家,在长三角地区排名第一,是南京和杭州的两倍;有国家工程技术中心和国家级企业技术中心合计 88 家,国家级园区面积超过 190 平方千米,为企业实现高新技术研发和应用发展提供了有利条件和明显优势。图 4-11 对长三角地区主要城市的高新技术企业数量和高等院校数量进行了描述,可以看到上海在两项指标上均名列第一。多元创新载体在上海的集聚,为研究型人才和应用型人才提供了充分发挥所长的绝佳舞台,为上海具有全球影响力的科创中心建设打下了坚实基础。

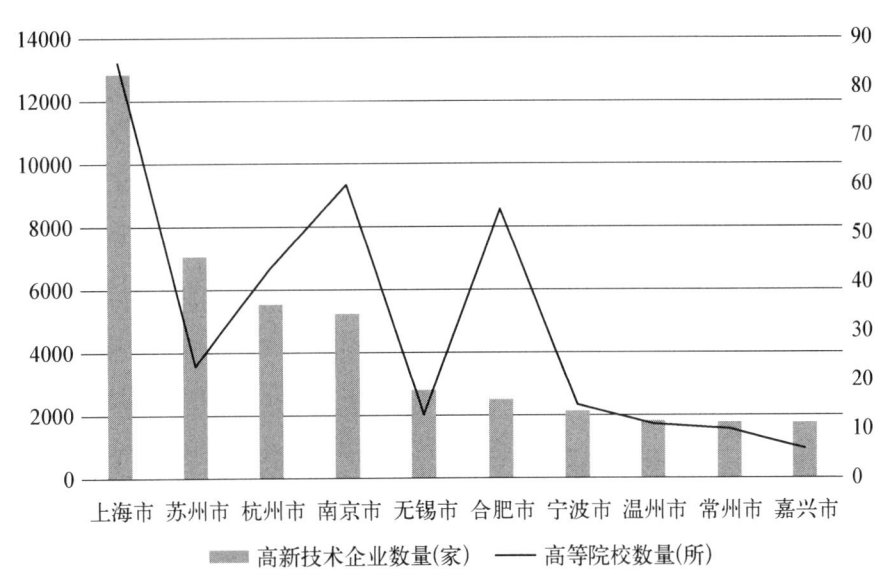

图4-11 长三角地区主要城市高新技术企业和高等院校数量

数据来源:根据地方统计年鉴和统计公报综合整理。

二是高强度创新投入激励人才创新发展。研发投入强度是衡量区域创新投入的重要指标,根据2019年的统计数据,长三角地区主要城市的研发投入强度排名如图4-12所示,其中上海的研发投入强度为4%,比位居第二位的杭州高出0.5个百分点,与纽约、东京等全球科创中心的研发强度相当,在长三角地区中具有明显优势。高强度研发投入为上海提升创新策源能力提供了动力保障,也为突破关键核心技术提供了有力基础。2021年,上海科技人才在《科学》《自然》《细胞》三本国际顶级科技期刊上共发表论文107篇,占全国总量的29.8%,同时在芯片制造先进工艺、光刻胶关键技术、生物医药类创新药、新冠病毒检测试剂和小分子药物、红外传感器芯片等领域取得突破性进展,这都有赖于上海长期以来对创新投入的重视。

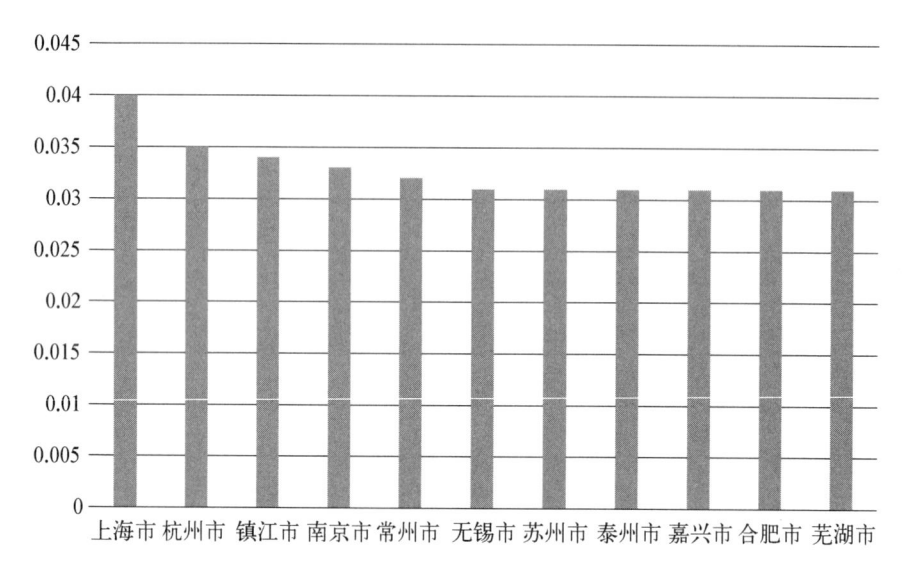

图 4-12 长三角地区主要城市研发投入强度

数据来源:根据地方统计年鉴计算整理。

三是优质教育医疗资源为人才安居乐业提供保障。从教育资源来看,上海每万人专任教师数量约为19人,在长三角地区城市中排名第四,表明上海的整体教育资源较为丰富。此外,上海在国际学校数量上优势明显,获认证的各类国际学校数量超过百家,远远超过长三角地区其他城市。国际学校的有效布局能够满足国际人才和引进人才的子女就读需求,因此对提升国际人才吸引力具有重要意义。因此,上海在教育资源上的优势主要来源于优质教育资源,有助于人才发展。从医疗资源来看,上海每万人执业医师数量约为32人,在长三角地区城市中并不占优势,但在二级甲等医院床位数量上排名第一,总量超过4.3万张,也是长三角地区中拥有三甲医院数量最多的城市。类似地,上海在医疗资源上的优势也来源于优质医疗资源,此类优势对国际人才、海归人才、高

2. 主要短板

(1) 人才生活成本较高

在人才发展环境维度上,上海在住房条件分指标上的表现不佳,2019年城镇人均住房面积仅为37.2平方米,房价收入比则高达25.1,表明城镇居民在上海购房的压力巨大。公开资料显示,2020年2月上海二手房均价约为66 115元/平方米,是杭州和南京的近两倍(如表4-17所示),足见人才在沪居住成本之高。此外,上海在交通出行、餐饮消费方面的成本也明显高于长三角其他城市,根据2019年全球城市生活成本排名,上海、北京、深圳、广州进入世界前10名。较高的人才生活成本对青年人才引进和延揽产生的负面作用较大,尤其是应届毕业生群体和青年科研人才。来自中科院上海分院的调查结果显示,新上海人中至少有14%因房价和市场租金过高而打算离开上海,生活成本压力正在形成明显的青年人才"挤出效应",将对上海人才高地建设和城市综合竞争力提升造成不良影响。

表4-17 2020年2月长三角地区部分城市二手房均价排名

排 名	城 市	房价(元/平方米)	排 名	城 市	房价(元/平方米)
1	上海	66 115	7	无锡	20 814
2	杭州	37 685	8	金华	20 760
3	南京	32 418	9	南通	19 980
4	宁波	31 181	10	合肥	19 150
5	苏州	29 789	11	常州	18 007
6	绍兴	20 851	12	嘉兴	17 498

续表

排　名	城　市	房价（元/平方米）	排　名	城　市	房价（元/平方米）
13	扬州	15 544	17	湖州	13 472
14	舟山	15 493	18	泰州	13 104
15	台州	14 541	19	芜湖	12 819
16	盐城	13 813	20	镇江	10 143

数据来源：https://baijiahao.baidu.com/s?id=1694357022845439042&wfr=spider&for=pc。

(2) 研发创新绩效仍有上升空间

在人才发展绩效维度上，上海在研发创新绩效分指标上的表现远不及产业创新绩效分指标，鉴于上海在创新投入规模上具有优势，因此可以判断上海在研发创新绩效上仍有上升空间。2019年的统计结果显示，上海每亿元研发投入产生的国内授权发明专利数量为14.91件，在长三角地区排名居中，每亿元科技经费产生的科技论文数量为99.72篇，在长三角地区排名第九，表明上海在研发创新绩效上的劣势更多集中在创新成果的产业化过程中，如图4-13所示。当前，上海从研发到产业化的创新链和价值链仍存在一定体制机制障碍，对创新活动的包容性和对创新规律的把握程度还不够，在创新管理服务上，支持方式倾向于项目化支持，对科技型小微企业的普惠政策力度不足，在很大程度上限制了研发创新投入效果的发挥。

(二) 南京

1. 主要优势

(1) 依托科教资源优势打造人才发展基础

南京拥有53所普通高等院校、97名两院院士、120多个国家级研

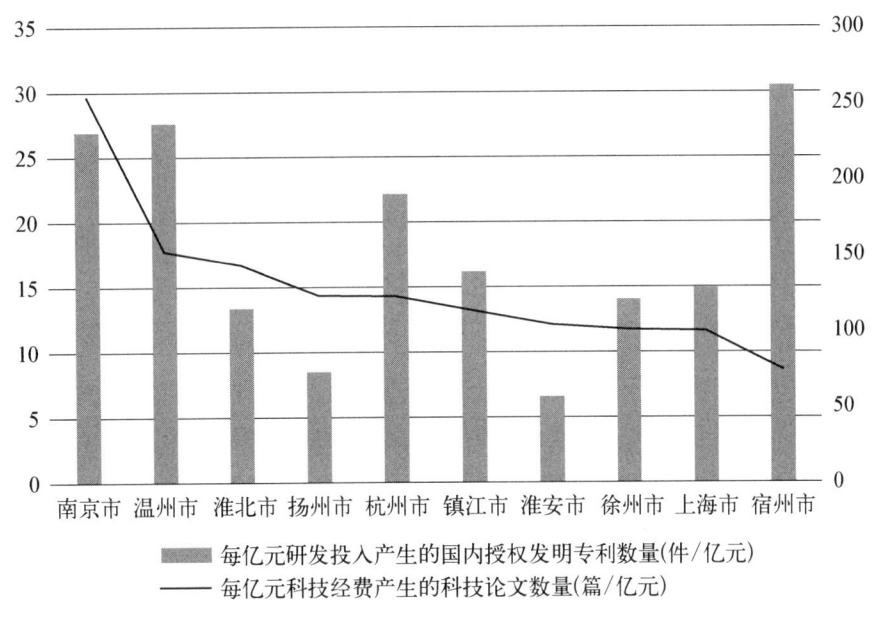

图 4-13 长三角地区主要城市研发创新绩效情况

数据来源：根据地方统计年鉴和统计公报计算整理。

发平台，在人才培育方面具有得天独厚的优势。2019年，南京市普通高等教育在校生数量为87.78万人，每10万人口中的在校生比例约为103.27%，在长三角地区城市中排名第一，如图4-14所示。在优质教育资源的加持下，"十三五"以来，南京集聚了科技顶尖专家240多名、高层次创新创业人才4000多名。近年来，南京依托紫金山实验室、麒麟科技城等重大科技基础设施，着力壮大青年科技人才、卓越工程师和高技术人才队伍，聚集了一批创新创业人才，为南京人才发展工作打下了坚实基础。

(2) 密集出台人才政策增强城市吸引力

近年来，南京先后出台多项人才落户、引进补贴、安居办法等人才政策，有效增强了城市人才吸引力。一是在落户政策方面，于2018年

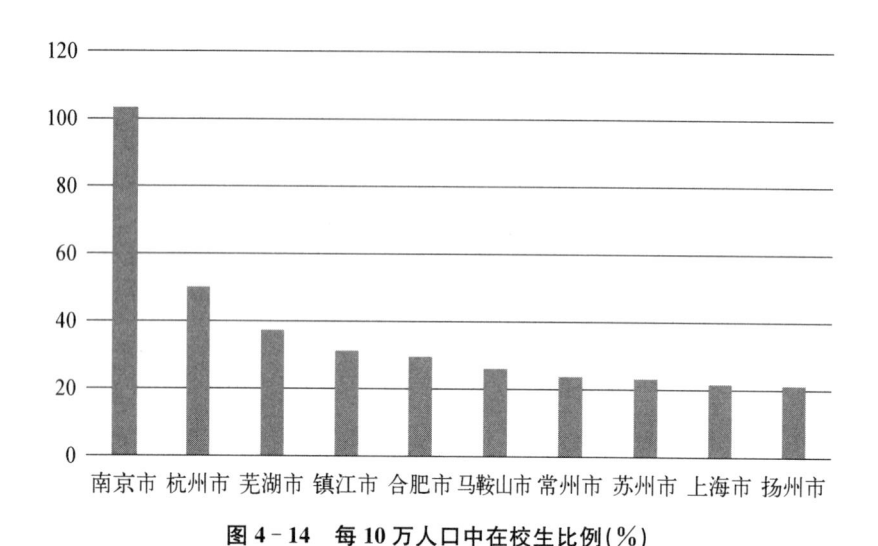

图 4-14 每 10 万人口中在校生比例(%)

数据来源：根据地方统计年鉴计算整理。

开始放宽落户条件,40 岁以内本科可直接落户买房,研究生落户不受年龄限制。二是在引进补贴方面,针对创新创业人才出台了"创业南京"科技顶尖专家集聚计划、创新型企业家培育计划、高层次创业人才引进计划,针对高层次科技人才出台了"345"海外高层次人才引进计划、高层次人才科技贡献奖励、中青年拔尖人才选拔培养计划,针对青年人才出台了青年大学生"宁聚计划"、支持促进高校毕业生在宁就业创业 10 项措施。三是在人才安居方面,出台《南京市人才安居办法使用对象（目录）》,为 A、B、C、D、E、F 六类人才提供了不同的补贴政策,其中 A 类人才一事一议,B、C、D、E 类人才给予差异化的共有产权房、人才公寓、购房补贴、租房补贴政策,F 类人才则提供公共租赁住房或租房补贴。南京市人才政策的普惠性程度高,对各类人才形成了较为全面的覆盖,补贴资助手段有效切中人才发展需求,因而在很大程度上增强了南京对各类人才的吸引力。

2. 主要短板

(1) 科教优势向产业创新优势的转化动力不足

南京作为长三角地区的科教重城,虽然拥有数量可观的高等院校和在校大学生规模,但长期以来这些丰富的科教资源并没有真正转化为发展优势和创新优势,这从南京的研发创新绩效和产业创新绩效分指标上可见一斑。2019年,南京在研发创新绩效分指标上排名第一,每亿元研发投入产生的国内授权发明专利数量为26.91件,每亿元科技经费产生的科技论文数量为254.06篇,是上海的两倍多。而在产业创新绩效分指标上仅排名第七,高新技术产业总产值约为6 404亿元,每万人才高新技术产业产值为32亿元,人均技术合同交易额为7 373元,尤其是在高新技术产业总产值规模上(如图4-15所示),在长三角地区城市中仅排名第十,具有较为明显的劣势。

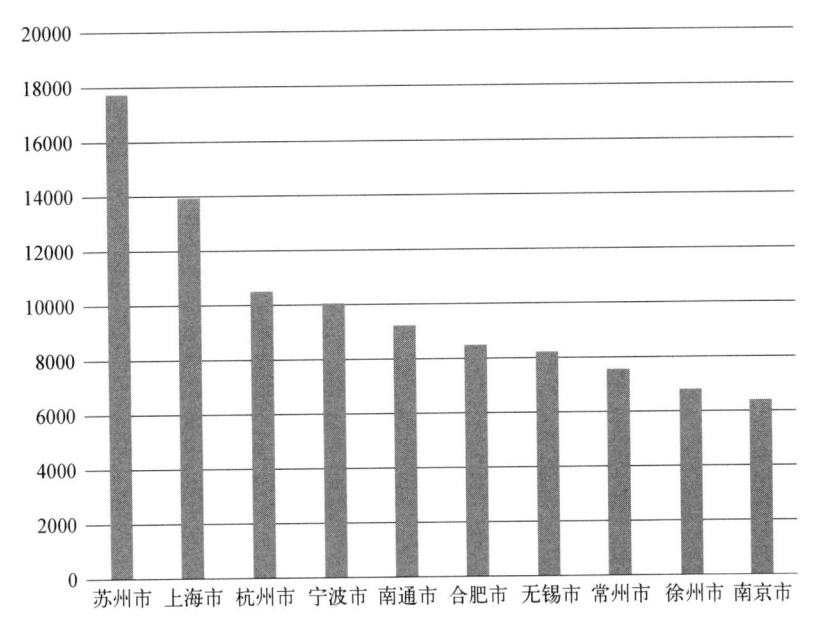

图4-15 长三角地区城市高新技术产业总产值排名(亿元)

数据来源:根据地方统计年鉴和统计公报综合整理。

从南京高新技术产业的行业结构来看,根据2020年的统计结果,电子及通信设备制造业、智能装备制造业、新材料制造业是南京高新技术产业的三大组成部分,其中电子及通信设备制造业的结构比重超过总量的三成,2020年同比增长37.4%,表现出良好的成长性。南京高新技术产业在行业结构上有明显偏重,三大行业结构比重超过85%,在多元发展上仍有空间。从单位规模结构上来看,高新技术产业中44家大型企业实现产值约3 000亿元(46.66%),1 174家小微型企业产值约为1 937亿元(18.34%),180家中型企业产值约为1 466亿元(22.90%),其中小微型企业的增速最快,同比增长28.7%。可见中小微企业是发展主力,大型企业增长较为缓慢,有必要进行重点关注。

表4-18 2020年南京高新技术产业产值分行业情况

序号	行 业 分 类	结构比重(%)	同比增长(%)
1	航空航天制造业	0.3	7.9
2	电子计算机及办公设备制造业	0.3	11.2
3	电子及通信设备制造业	33.9	37.4
4	医药制造业	6.6	0.3
5	仪器仪表制造业	5.0	5.0
6	智能装备制造业	26.7	12.7
7	新材料制造业	25.4	−14.6
8	新能源制造业	1.8	14.1

数据来源:南京市统计局。

(2) 门户枢纽和战略支点功能面临周边城市挑战

2019年发布的《长江三角洲区域一体化发展规划纲要》中南京的自

我定位是战略支点、创新引擎、门户枢纽,计划以南京都市圈、长三角科创圈为两大重点方向,选取新能源汽车、集成电路、人工智能、软件和信息服务、生物医药5个产业为重点,大力推动制造业高质量发展。然而,伴随长三角地区城市的快速发展,南京的门户枢纽和战略支点功能正面临严峻挑战。一是在门户枢纽功能方面,虽然南京在地理位置上具有优势,但周边城市近年来在高铁、公路、港口、航空领域的发展非常快,使得南京的先天优势逐步弱化,枢纽功能面临多重挑战,城市的辐射范围也十分有限。二是在战略支点功能方面,南京传统优势产业面临生态困境挑战,尤其是南京在化工和钢铁材料领域积累的传统优势,在"碳中和""碳达峰"绿色转型目标下显示出明显短板,亟待转型发展。同时,在新兴产业培育方面,南京在数字经济等新兴领域也缺乏探索,与杭州、合肥、苏州等高速发展城市相比有明显差距。

(三)杭州

1. 主要优势

(1)重视青年人才引进和激励

统计数据显示,2019年全年杭州新增人口达到55.4万人,位列全国第一,2020年新引进35岁以下大学生43.6万人,人才净流入率继续保持全国首位。近年来,杭州始终坚持"不唯学历、不唯职称、不唯资历、不唯身份、不拘一格降人才"的理念,鼓励人才在各行各业中深耕发展,倡导"行行出状元,人人可成才"的思想,使新流入人口有效转化为人才资源。2020年,杭州出台首个《杭州市中长期青年发展规划(2020—2025年)》,将青年人才发展摆在战略高度进行整体思考、科学规划和全面推进,并提出七大重点工程,包括青年就业见习工程、青年创新创业工程、青年安居工程等,为杭州增强青年人才吸引力提供了保障。此外,2019年杭州正式出台"人才生态37条",其中"青年人才弄潮工程"是工作重点,提出要实施全球大学生招聘计划、博士后倍增计划、大学生创业培育计划,对符合条件的青年人才给予实习补贴、生活补贴、博士后补贴、就业补贴、创业资助、落户服务、安居补助等各类激励。由此可见杭州对青年人才的重视程度。

(2) 数字经济发展带动科技人才汇聚

杭州作为数字经济的先发城市,在领域内一直处于引领地位。2021年杭州市数字经济核心产业增加值达到4 905亿元,同比增长11.5%,两年平均增速达到12.4%,数字经济增加值占GDP的比重达到27.1%,并仍在持续增加中。在数字经济的新浪潮中,催生了直播、外卖平台、无人超市等新兴业态,进一步深化了杭州的数字化发展进程。此外,杭州还拥有一批数字经济头部企业,例如阿里巴巴、网易、海康威视、大华等,为人才发展提供了强有力的创新载体。在此基础上,杭州数字经济发展极大地带动了科技人才汇聚,据统计,杭州近年引进的人才中,有近60%流入了数字经济和生命健康领域。此外,数字经济发展也为人才发展提供了持续动力,《2019数字经济人才城市指数报告》显示,杭州的数字经济人才需求量在全国排名第四,并保持增长态势,人才平均年薪达到22.68万元。

(3) 创新人才飞地探索跨区域引才新模式

2019年杭州发布《关于杭州市服务全省人才发展的意见(试行)》,明确规划建设服务全省的人才大厦,打造人才"创新共同体",为全省人才提供创新创业服务。这一举措旨在构建一个面向全省的"超级飞地",是杭州都市圈产业和人才合作的一项创新举措。以浙江人才大厦为例,大厦实行省级统筹、各设区市推荐、属地政府提供配套服务的三级联动管理模式,主要用于省内各市引进建设企业研发总部、创新中心等,面向浙江全省除杭州、衢州外的9个设区市和桐庐、淳安、建德三县市开放,并通过创新人才"工作生活在杭州,服务贡献在全省"的新型引才模式聚集偏远地区人才。截至2021年,大厦已集聚51家企业,入驻办公人数356人,其中高层次人才197人,包括国家级领军人才11人、省级领军人才11人、市级领军人才17人。

2. 主要短板

(1) 城市公共服务方面短板明显

从人力资本投入分指标上来看,杭州在长三角地区仅排名第八,存在一定劣势,这主要集中在两个方面:一是医疗卫生服务条件跟不上人口增长速度,由于近年来杭州的人口净流量持续增加,尽管已在重点区域配套建设大型医院,但仍然跟不上新进人口对优质医疗服务的需求。2019年的统计数据显示,杭州的人均医疗投入约为236元/人,与上海和南京等领先城市的差距巨大,亟待提升。二是基础教育资源需求缺口较大,受到产业结构和行业特征的影响,近年来进入杭州发展的青年人才比例较高,这批人才对基础教育资源具有更高的需求度,但杭州在基础教育资源的配置上存在不平衡、不充分的问题,在教育上的财政投入规模也有待提升,2019年杭州的人均教育投入约为3 045元/人,未来应考虑着重向基础教育领域倾斜。此外,杭州在交通方面的短板也较为明显,中心城区交通拥堵现象普遍,轨道交通覆盖面积在新一线城市中也无优势。

(2) 城市文化软环境有待改善

一是城市文化投入不足。从人才发展环境维度的分析结果来看,杭州在城市文化分指标上的表现较差,2019年统计数据显示,杭州每万人文化机构从业人员数量约为5人,人均文化投入约为123元/人(如图4-16所示),在长三角地区城市中排名居中,与排名靠前的城市之间存在明显差距,表明杭州在城市文化人力资源和财政资源两方面的投入均有较大的上升空间。

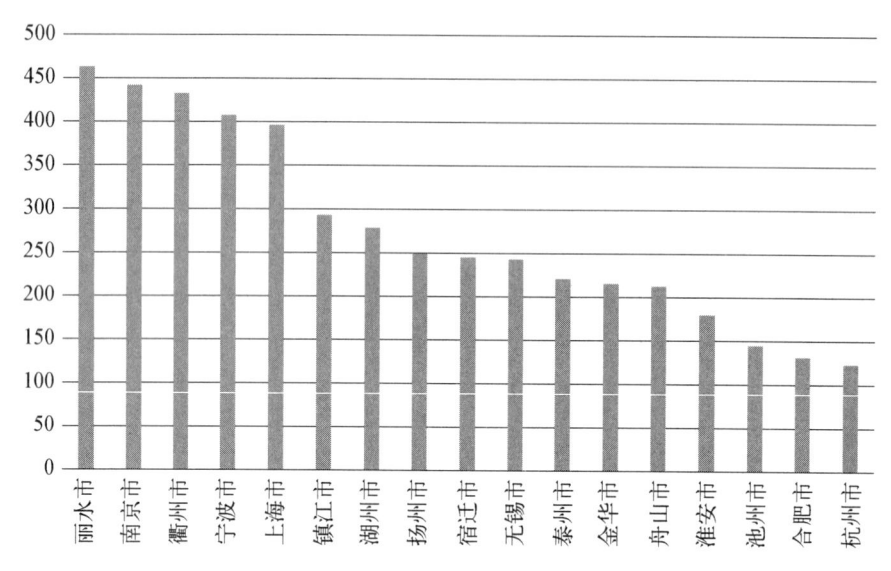

图 4-16 长三角地区主要城市人均文化投入(元/人)

数据来源:根据地方统计年鉴和公开数据计算整理。

二是国际化软环境需重点营造。杭州在教育、医疗、公共服务等方面的国际化环境与国际化大都市相比还有较大差距。以语言环境为例,普通市民和窗口行业服务人员的英语普及率较低。教育环境方面,双语学校和国际学校水平普遍不高。文化娱乐环境方面,国际社区、国际餐饮品牌、国际化商业娱乐设施还不够丰富,缺乏国际化的文化娱乐氛围。

(四) 苏州

1. 主要优势

(1) 以产业创新生态优势汇聚创新创业人才

创新是引领发展的第一动力,苏州在人才创新载体分指标上的显著优势为苏州汇聚创新创业人才奠定了良好基础。统计数据显示，2019年苏州拥有高新技术企业7 052家，在长三角地区排名第二，仅次于上海，拥有国家工程技术中心、国家级企业技术中心25家，国家级园区面积976.87平方千米。2021年苏州全市领军人才企业达2 771家、累计纳税超500亿元，其中国家高新技术企业774家，46家企业实现上市。98%的领军人才集中在战略性新兴产业，创办了全市六成以上的科创板上市企业、独角兽培育企业，足见苏州在人才创新载体规模和质量两个维度上均具有优势。得益于苏州在产业创新生态上的优势，2019年苏州人才总量达到276.48万，高层次人才24.49万，自主申报入选国家级重大人才引进工程262人，其中创业类135人，连年位居全国大中城市首位。

(2) 产才深度融合引领产业高质量发展

苏州在产业创新绩效分指标上也具有明显优势，在长三角地区排名第一，表明苏州人才发展已经融入当地产业发展，相辅相成引领产业创新。据统计，2019年高新技术产业总产值达到17 735亿元，每万人才高新技术产业产值约为60.44亿元，人均技术合同交易额约为3 868元，高新技术产业有力推动了新产业、新业态、新模式、新技术发展，人才效能显著增强。一方面，苏州人才工作紧扣产业主攻方向，同步绘制"产业地图""人才地图"，实现人才集聚与产业发展"同频共振""同向发力"，人才集聚和产业高质量发展产生了良好的化学反应。同时，苏州首创全市创新工作例会制度，打破产业、人才部门之间的信息壁垒，定期研究产业、科技、人才等融合发展问题。另一方面，为了让市场主体享受到从人才到项目、从项目到产业，再到以产业引人才的全流程、全周期支持，苏州先后出台包括顶层设计、专项计划、普惠政策、配套文件在内的50项政策，为产业发展提供了全功能、全链条的人才支撑。此外,苏州还建立了"众创空间—孵化器—加速器—产业园"的全周期载体体系,先后引进中科院纳米所、医工所等重大创新载体,建成401个省级以上创业孵化载体、67家新型研发机构,为产业集聚和人才发展提供了广阔的舞台。

2. 主要短板

(1) 研发创新绩效表现不佳

在研发创新绩效分指标上,苏州在长三角地区排名靠后,表现出明显劣势。根据2019年的统计结果,苏州每亿元研发投入产生的国内授权发明专利数量约为13.79件,每亿元科技经费产生的科技论文数量约为32.48篇,其中苏州在科技论文产出方面的劣势最为突出。从研发创新基础来看,苏州拥有高等院校23所,国家工程技术中心、国家级企业技术中心25家,在规模上与排名靠前的上海和南京仍有不小的差距,客观上造成了研发机构在苏州创新集群中没有充分发挥策源能力,最终体现在研发创新绩效的表现上。未来,苏州因考虑进一步支持国家实验室建设,前瞻布局一批高水平大科学装置和公共实验平台,提升自身创新策源能力。

(2) 人才发展环境塑造仍需加强

在人才发展环境方面,苏州在教育医疗和城市文化两个分指标上均表现出显著不足。一是在教育医疗方面,2019年苏州每万人专任教师数量约为12人,每万人执业医师数量约为33人,三级甲等医院床位数量与上海、杭州、南京等领先城市差距明显,显示出苏州在教育环境和医疗环境方面仍需增强。近年来,苏州积极引入知名高校异地校园、增加科研基础设施投入,为苏州补足教育环境短板提供了有力支撑。二是在城市文化方面,2019年苏州每万人文化机构从业人员数量仅3人左右,人均文化投入约119元,因此苏州在城市文化分指标上的劣势主要集中在文化机构从业人员规模方面。近年来,苏州积极塑造"江南文化"品牌、落实文化产业倍增计划,为苏州营造良好的城市文化环境奠定了良好基础。

(五) 宁波

1. 主要优势

(1) 区位优势进阶增强

宁波港口位于南北沿海运输和长江东西水路运输的"T"字形航线交汇点,距长江口仅70海里。对外面向东亚及整个环太平洋地区,向内不仅可连接沿海各港口,而且通过江海联运和杭甬运河,沟通长江、京杭大运河,覆盖整个华东地区和经济发达的长江流域,是中国沿海向全球主要港口远洋运输辐射的理想集散地。近年来,自由贸易试验区扩展、长三角一体化等国家战略的实施使宁波得天独厚的区位优势得到进阶增强。

一是浙江自贸试验区扩展使宁波的区位优势得到进一步凸显。根据国务院2020年发布的《关于印发北京、湖南、安徽自由贸易试验区总体方案及浙江自由贸易试验区扩展区域方案的通知》,宁波片区面积达到46平方千米,承担着建设链接内外、多式联运、辐射力强、成链集群的国际航运枢纽,打造具有国际影响力的油气资源配置中心、国际供应链创新中心、全球新材料科创中心、智能制造高质量发展示范区任务。目前,宁波片区的其他区域也已初步形成自身特色产业优势,如宁波梅山综合保税区以口岸业务为主,汽车整车进口、跨境电子商务等为辅;宁波北仑港综合保税区致力于打造研发设计中心、新型数字产业中心、保税服务贸易中心等;宁波保税区在跨境电商、物流集散等领域发力,形成计算机产业群、半导体光电产业群、精密机械产业群等,成为华东地区重要的进出口物流集散地。

二是长三角一体化战略提升宁波区域交通枢纽地位。根据宁波2020年发布的《宁波推进长江三角洲区域一体化发展行动计划》,到2025年要基本建成长三角一体化发展先行区,使都市圈同城化水平显著提高,区域产业链深度融合格局形成,区域协同创新网络基本建立。尤其是在完善陆域交通网络体系方面,提出要对接长三角现代轨道交通体系,建设高效率、多方式的综合交通网络;加快推进沪嘉甬铁路、金甬铁路、甬舟铁路等项目前期和开工建设,谋划沪甬跨海通道、甬台温福高铁、杭甬城际铁路等一批提升宁波区域交通枢纽地位的重大项目,形成长三角城市群2小时、沪甬1小时交通圈。由此可见,长三角一体化战略将使宁波区域交通枢纽地位得到进一步提升,区位优势进一步凸显。

(2) 事业发展环境具有比较优势

事业发展环境是人才成长发展的重要条件和创造实践的场所,对人才的创造力和工作成效形成直接影响。宁波在事业发展环境方面具有一定比较优势。

一是居住成本较低,尤其是人才住房条件显著优于其他城。在住房条件方面,2019年宁波的城镇人均住房建筑面积约为46.8平方米,在长三角主要城市中名列前茅,比上海高出9.6平方米,比杭州高出8.6平方米,比南京高出2.1平方米。同时根据第三方机构的统计数据,宁波的房价收入比为13.2,相较于其他城而言,处于相对合理的购买力范围内,而上海的房价收入比高达25.1,杭州和南京的房价收入比也分别达到17.7和15.4,显示出宁波为人才安居就业提供了良好环境。在一线城住房压力巨大的背景下,宁波在人均住房建筑面积和房价收入比两个指标上具有显著优势,有利于吸引人才来甬安居乐业。此外,宁波在"1+X"人才政策体系中提出了《宁波人才安居实施办法》，通过以货币补贴为主、实物配置为辅的方式，为人才提供安居支持。其中货币补贴分为安家补助、购房补贴和生活安居补助三种形式，实物配置分为出租型和出售型两种形式。

二是人才创新创业扶持政策力度较大。宁波2020年更新的"3315计划"对创新团队、创业团队、创新人才（含外裔人才和海鸥人才）、创业人才四类人才（团队）提供了政策支持，主要包括项目资助、奖励配套资助、人才层级升级奖励、企业发展奖励、融资支持、购房补贴等。其中，对入选"3315计划"的创业创新团队，按A、B、C三个层次，分别给予2 000万元、1 000万元、500万元创业创新资助；对入选"3315计划"的个人项目，给予创新人才（含外裔人才）和创业人才项目一次性100万元补助，给予"海鸥人才"项目一次性50万元补助。优厚的人才政策为宁波集聚了一批高层次人才，成为宁波人才引进的重要优势。

2. 主要短板

(1) 一流人才创新载体相对不足

在人才创新载体方面，统计数据显示，2019年宁波三年有效期内的高新技术企业数量约为2 135家，拥有高等院校15所、国家工程技术中心和国家级企业技术中心20家，国家级园区面积为124.6平方千米，这与上海和苏州均有较大差距。特别是与合肥相比，宁波在高新技术企业数量、高等院校数量、国家工程技术中心和国家级企业技术中心数量3个指标上均存在劣势。因此，人才创新载体不足是宁波在人才发展投入维度上的一个短板。同时，各类高能级创新载体均处于缺乏状态，如表4-19所示。

表4－19　2020年长三角地区主要城市高能级创新载体比较

	宁波	杭州	苏州	南京	合肥	上海
"双一流"建设高校(家)	0	1	0	2	1	4
"双一流"学科建设高校(家)	1	10	1	10	2	9
国家重点实验室(个)	0	12	3	29	10	44
国家工程技术研究中心(个)	0	10	2	15	7	21
国家级大科学装置(个)	0	1	0	2	5	9
国家级高新区(个)	1	2	3	1	1	2
高新技术企业数量(家)	3 102	7 748	9 772	6 507	3 328	17 012

数据来源：https://weibo.com/ttarticle/p/show?id=2309404655583088476264。

从高等院校的分布来看，宁波仅有本科高校8所，其中"双一流"学科建设高校仅1所，容易导致科技创新源头活力不足，也难以吸引研究型人才集聚。从科研机构的分布来看，宁波是目前15个副省级城中唯一没有国家级实验室布局的城市，仅有2家国家工程实验室、6家国家地方联合工程研究中心(工程实验室)，缺乏高能级创新载体也导致宁波高层次研发人才稀缺，与兄弟城市存在一定差距。高校和科研院所是一个城市科技创新发展的重要资源，一方面，高校院所能够为地方科技和产业提供重要支撑；另一方面，也可为地方培育和输送大量潜在的人才资源。

从高新技术企业的分布来看，宁波高新技术企业规模仍有上升空间，业界的创新能级不高，龙头企业体量小、现实度低，产业创新能力和竞争力不足，尤其是缺乏具有高发展潜力的自主创新型领军企业，因此难以集聚高技能人才在宁波扎根。

（2）人才创新绩效表现有待提升

根据指标体系的评分结果，宁波在人才创新绩效维度上存在明显短板，在长三角地区中排名表现不佳，尤其是在产业创新绩效分指标上排名靠后。一是在研发创新绩效方面，2019年宁波每亿元研发投入产生的国内授权发明专利数量约为15.67件，每亿元科技经费产生的科技论文数量约为24.44篇，研发创新绩效仍有很大的上升空间。相较而言，南京每亿元研发投入产生的国内授权发明专利数量约为26.91件，每亿元科技经费产生的科技论文数量约为254.06篇。这表明宁波的科技经费投入效率有待增强。二是在产业创新绩效方面，2019年宁波高新技术产业总产值约为10 045亿元，每万人才高新技术产业产值约为38亿元，人均技术合同交易额约为2 885元/人。与排名靠前的苏州、上海和合肥相比，宁波在产业创新绩效方面的差距较大。这表明宁波有必要进一步优化人才使用，发挥人才效能，加速提升高新技术产值和技术合同交易规模。

从宁波的产业发展情况来看，一是产业结构仍有待深度调整和优化。目前，宁波在高端装备、新材料、新能源、工业互联网领域的企业数量均位居全国前5名，但从产业能级上看，制造业大多处于全球价值链的中低端，智能化程度偏低，同时在大数据、互联网等知识密集型产业存在一定短板，因此产业结构上的特点也明显反映在人才队伍需求上，技能型人才是制造业主导模式下的重点需求对象，但高端人才和高技能人才比例却不高。二是缺少具有颠覆性的未来产业和优势项目。长期以来，宁波经济结构和发展速度一直较为稳定，对风险的偏好较低，因此缺乏面向未来的、具有颠覆性潜力、高风险高回报的项目支持，这种城市风格难以吸引创新企业家来甬发展。

（3）人才创新投入有待提升

一是研发投入强度明显偏低。从统计数据来看，2019年宁波研发投入强度约为2.7%,与排名第一的上海(4.0%)相比仍有较大差距,这一结果提示宁波有必要进一步增加人力资本投入,尤其是在研发投入强度方面,在长三角主要城市中排名靠后,明显低于合肥(3.1%)、嘉兴(3.1%)、南通(2.9%)等主要城市。研发投入强度是衡量城市创新能力的重要指标,创新实力不强成为制约宁波经济社会发展、高端人才引进的一大短板。据统计,宁波市规上工业企业仅38.1%设置了研发机构,46.5%开展了研发活动,而苏州、南京开展研发活动的企业分别占到50.1%、53.2%。此外,截至2020年底,宁波规上企业中拥有1件以上有效发明专利的企业不到三成,创新效能明显不足。根据宁波市"十四五"规划的科技创新发展部署,到2025年要力争全社会研发投入强度达到3.6%。研发投入强度的提升将有效帮助宁波增强创新能级、吸引高端人才。

二是人才教育投入尚有提升空间。从统计数据上来看,2019年宁波的人均教育投入约为2 673.74元/人,与上海(4 003.46元/人)、南京(3 101.16元/人)、杭州(3 045.95元/人)均存在一定差距。教育投入是支撑城市长远发展的基础性、战略性投资,是人力资源投入的重要组成部分。宁波作为长江中下游地区的沿海经济发达城市,尽管近年来教育经费投入得到了高速增长,但相比于长三角地区的其他主要城市,宁波的人均教育投入规模仍有持续提升的空间。在教育投入结构方面,区域之间的教育发展水平和教育质量仍存在一定差距。同时,师资建设也存在较多薄弱环节,教师总量仍不够充裕,教师培训和继续教育工作有待加强。

执笔:胡雯(上海社会科学院信息研究所)

第五章 长三角地区主要城市及深圳的人才政策创新举措及启示

近年来,在长三角一体化发展的背景下,区域人才发展呈现出人才集聚格局多元化、人才关联方向多样性、人才流动呈现阶梯性等特征。为更好地推动高人才工作的质量发展,长三角地区主要城市在立足本地区发展需要的同时在人才工作方面不断出台重磅政策举措,在推进人才发展体制机制改革、推动人才对外开放、改革人才管理机制、激发人才发展活力、探索多样化引才方式,优化人才生态等方面进行了有效的探索。深圳作为我国的经济特区,其城市发展的历史也是一部人才政策改革史,随着粤港澳大湾区和中国特色社会主义先行示范区建设全面铺开、纵深推进,深圳人才政策也在不断"迭代升级",并拉开新一轮人才政策变革序幕。这些创新的人才政策和举措在推动本地区人才发展的同时,给各地的发展和人才工作带来有益的启示。

一、长三角一体化发展背景下的区域人才发展趋势

(一)人才吸引优势日益明显,集聚格局呈现多元化特征

长三角是我国经济最为发达的地区之一,拥有雄厚的经济基础,区域发展充满活力。尤其是以上海、苏南和浙北为代表的长三角核心区,对人才有较大的吸引力,人才总量占比高于珠三角以及全国平均水平,但略低于京津冀地区。具体来看,2015年长三角高技能人才占比为

10.68%,略高于全国平均水平(10.28%),但与京津冀和珠三角相比仍较低;在高学历人才方面,京津冀地区以20.96%的比例占居首位,长三角地区以17.80%的比例紧随其后,珠三角地区高学历人才占比为15.56%,略高于全国平均水平。同时,在"双创"政策引导下,长三角地区越来越多的人才选择跨区域流动和跨区域创业,从而直接激发了长三角地区人才一体化的现实需求。根据2019年《中国流动人口发展报告》,长三角城市群跨省流动人口占整体流动人口的80%以上,现实的人才流动已走在体制机制改革的前面。与此同时,由"2020年最具人才吸引力城市"排行榜可知,长三角有5个城市位居前20位,即杭州(第5位)、南京(第6位)、苏州(第9位)、无锡(第19位)、合肥(第20位)。由此可见,随着一体化进程的不断推进,长三角人才吸引优势日益明显,并且集聚格局也呈现多元化特征。[1]

(二)基础设施日益完善,人才关联方向呈现多样性

伴随着"江海陆空"区域性立体交通网络的形成,长三角地区正迈入同城化时代,加速了长三角人才的流动和产业的互补,推动了长三角创新链和产业链的融合。例如,高速公路的便利吸引了大量创新机构沿G42(沪蓉高速沪宁段)、G60(沪昆高速沪杭段)分布。同时高速铁路的发展带动了"轨道人才"的发展,成为产业升级和创新发展的突击队与正规军。与此同时,长三角地区人才集中涌向上海的模式已发生转变,其内部人才的流动呈现多向性特征,形成了上海—南京、上海—杭州的大流量人才对流模式,以及南京—合肥、南京—杭州的小流量人才对流模式。这种多向性的人才流动模式促进了技术、思想、知识的转移

---

[1] 岑朝阳、陈蕾:《长三角省会城市高层次人才政策比较研究——基于杭州与合肥的对比》,《领导科学论坛》2021年第4期。

扩散,有利于获取人才流动的红利,有利于促进区域的高质量一体化发展。未来,长三角三省一市交通一体化进程的持续推进,将为长三角人才一体化提供基础设施的便利,并促进人才的共享共用。

(三) 地方政府协同互动,人才流动趋势初现梯级性

为满足人才发展的现实需要,提升人才事务的处理效率,多地正就"长三角劳动人事争议调解仲裁区域协作机制"展开深入合作,这对长三角人才一体化的政策协同有重要的借鉴意义。同时,各地政府也在公共服务领域积极探索,并取得了阶段性成果。2019年,长三角异地就医门诊直接结算试验范围扩大到长三角全境,41个城市实现医保"一卡通",为人才一体化的精细化、全面化做出了成功实践,也为长三角人才一体化向更高水平迈进提供了新动能。例如,上海作为长三角地区经济和科技的中心,注重集聚高端人才,但也由于人才准入门槛较高和竞争压力较大,其人才呈现向江苏和浙江流动扩散的趋势,带动了苏浙区域的科技创新与经济发展,是网络中的"溢出板块"。其中,上海与江苏的人才关联最紧密,这主要是长久以来两地的产业发展呈现互补性,即上海以研发型产业为主,而江苏则以生产型产业为主。与此同时,浙江是长三角人才流动枢纽,在长三角科技人才关联网络中扮演着"中介板块"角色,即在吸引上海人才流入的同时向安徽溢出人才。而安徽作为经济和科技发展相对落后的省份,则积极完善引才体系,承接上海、江苏和浙江的人才溢出效应。

(四) 科技人才流动呈现"自产自销"模式

长三角地区科技人才流动具有明显的区域性特点,科技人才在长三角区域内部的流动程度显著强于京津冀和粤港澳。近20年,长三角

培养的825名三大奖获得者有69%在长三角出生,最终有59%留在长三角工作并取得了重大科技成果;在长三角获得三大奖的806名科技人才中,本地区出生、培养的均占到60%以上。这些区域内部流动比例均明显高于京津冀和粤港澳。可以说,长三角地区高层次科技人才的流动是一种"自产自销"模式。该区域的三大奖获得者中76%为本区域出生或培养,约有27%同时为本区域出生和培养。这一方面得益于长三角的高出才率,本土人才储备充裕。长三角历来是我国高层次科技人才的高产区,据统计,江浙沪出生的中国科学院院士数量位列全国省市前三;另一方面也得益于长三角的优质高等教育资源,长三角在各个时期均有大量高校入选我国重点建设高校序列,拥有的"211工程"高校、"985工程"高校、"双一流"建设高校数量占全国的比例分别达21%、15%、26%,这些重点院校不仅吸引了大量优秀学生来长三角接受高等教育,也接纳了大量优秀人才留在长三角开展科研工作。[①]

二、上海促进人才发展的创新举措

人才是上海的第一资源、最核心资源,人才问题是关系上海发展全局的战略问题。党的十八大以来,上海认真学习领会习近平总书记关于人才工作重要论述,围绕"三大任务一大平台",强化"四大功能",深化"五个中心"建设,深入贯彻落实"聚天下英才而用之"的战略方针,牢固确立人才引领发展的战略地位,使上海成为国际一流创新创业人才的汇聚之地、培养之地、事业发展之地、价值实现之地。2020年上海市委市政府紧扣当前人才发展亟须破解的瓶颈难题,着眼"十四五"未来长远发展,出台《关于新时代上海实施人才引领发展战略的若干意见》

---

① 徐军海、黄永春、邹晨:《长三角科技人才一体化发展的时空演变研究——基于社会网络分析法》,《南京社会科学》2020年第9期。

第五章　长三角地区主要城市及深圳的人才政策创新举措及启示

等推动人才发展。

(一)发布人才高峰工程行动方案,"人才高地"基础上筑起"人才高峰",抓牢科创建设"关键少数"

2018年3月26日举行的上海市人才工作大会上,上海正式对外公布人才高峰工程行动方案,提出要在"人才高地"基础上筑起"人才高峰",聚天下英才而用之。依据《上海加快实施人才高峰工程行动方案》(以下简称《方案》),上海将实施人才高峰工程,进行大刀阔斧的人才政策改革,并实施"量身定制,一人一策""高峰人才全权负责制"等政策。

一是聚焦国家战略需求和战略目标。《方案》明确13个集聚造就高峰人才的重点领域:宇宙起源与天体观测、光子科学与技术、生命科学与生物医药、集成电路与计算科学、脑科学与人工智能、航空航天、船舶与海洋工程、量子科学、高端装备与智能制造、新能源、新材料、物联网、大数据。

二是建立国际通行的遴选机制。《方案》指出支持对象应具备的核心条件是:取得国内外同行公认的突出成就、一般处于本领域全国前5名或国际前20名;或年富力强、活跃在创新创业一线,具有成长为世界级高峰人才的潜力。

三是打造具有国际竞争力的事业发展平台。重点是为高峰人才量身创设新型工作机构,不受行政级别、事业编制、岗位设置、工资总额限制;按需建设定制式实验室;优先保障充足便捷的科研场地;优先使用张江科学城布局的大科学装置。

四是实施国际通行的工作体制。包括实施高峰人才全权负责制,赋予高峰人才用人权、用财权、用物权和技术路线决定权、内部机构设置权;建立新型财务管理机制,对获得支持的高峰人才及其团队实行综合预算管理,建立国际通行的财务管理机制等。

五是健全高峰人才及其团队的社会保障。重点从七个方面为高峰人才及其团队提供系统保障,包括:建立住房支持机制;实施落户绿色通道;优先申办中国国籍和外国人在华永久居留,优先推荐高峰人才及其直系亲属、核心团队成员及其直系亲属申办加入、恢复中国国籍和获得外国人永久居留证;完善养老医疗保险待遇;开辟结汇换汇绿色通道;健全交通出行保障机制;保障配偶子女相关待遇。

六是建立"一事一议"的实施机制。发挥用人单位主体能动作用、地区党委和大口党委综合职能优势、市人才办牵头统筹作用和部市(院市)合作机制优势,共同推进人才高峰建设。

七是建立稳定长期的经费保障机制。设立人才高峰工程建设市级专项资金,优先保障高峰人才及其团队的事业发展费用和人员保障费用。

(二)积极下放人才审核行政审批权,各项落户通道频频为"人才"开绿灯

2018年8月3日,上海公布《2018年非上海生源应届普通高校毕业生进沪就业申请本市户籍评分办法》,明确北京大学、清华大学本科应届毕业生可直接落户。2019年7月1日,上海市向浦东新区下放人才引进和海归落户的审批权,上海成为国内唯一向部分城区下放户籍审批权的超大城市。从2020年中开始上海各项落户通道频频为人才开绿灯。当年9月,应届博士,"双一流"硕士,一流学科硕士,交大、复旦、同济、华师的本科,符合基本申报条件即可落户上海。2020年11月23日,上海发布新版《上海市引进人才申办本市常住户口办法》,相比10年前发布的《上海市引进人才申办本市常住户口试行办法》,新版办

法内容发生了巨大变化,不仅看重技能人才,还对有贡献的个人敞开大门。新版办法还规定"本市各区和重点区域自主审批的紧缺急需人才"可以申办常住户口。相当于把定义"紧缺急需人才"的标准直接下放到各区、各部门,行政审批权的下放将大大提升人才的审核效率。

针对临港新片区单位引进的各类人才,在现行的居转户缩短年限政策基础上,上海试行了更宽松的评价标准。针对张江科学城重点产业的骨干人才,居转户年限由7年缩短为3年。针对留学落户,上海取消了留学人员首份工作必须在上海的限制,只要回国后2年内到上海工作,符合其他条件即可落户,配偶子女也可随迁。2020年12月,针对7年2倍社保"居转户",由此前必须连续4年36个月满足2倍社保的计算方式改为了"累计计算"。2021年3月,针对五大新城重点产业和特定人才,实行人才引进和优化"居转户"年限由7年缩短为5年。不仅门槛放低,审批速度也变得更快。从2021年开始,居转户和人才引进每个月都会公示两次落户名单。2019年上海居转户和人才引进两个通道落户约2.2万人,平均1 800人/月;2020年落户约3.1万人,平均2 600人/月。2021年1月上海居转户和人才引进落户5 337人,2月落户4 136人,3月落户总人数(含随迁随调)10 245人。

(三)浦东新区"引领区"建立全球高端人才引进"直通车"制度,率先实行更开放、更便利的人才政策

《中共中央国务院关于支持浦东新区高水平改革开放打造社会主义现代化建设引领区的意见》提出,要建立全球高端人才引进"直通车"制度,率先在浦东实行更加开放、更加便利的人才引进政策。2023年1月29日,浦东新区召开人才工作会议,同时发布了浦东新区"1+1+N"人才政策体系,向全社会释放了求贤求才的信号。第一个"1"是《关于新时代浦东新区全面推进社会主义现代化建设引领区人才发展的实施意见》(下称浦东人才"25条");第二个"1"是《关于新时代浦东新区全面推进社会主义现代化建设引领区人才发展的行动方案(2023—2025年)》,共提出了24个专项任务,是未来三年贯彻落实浦东人才"25条"的路线图和任务书;"N"是作为配套的专项人才政策,首批推出11项,包括"明珠计划",院士、博士后、技能人才,教育、卫生、法律服务、金融、航运人才,重点产业(领域)"高精尖缺"海外人才认定标准、人才安居等。其中,"明珠计划"、院士、博士后3项政策,主要是瞄准战略科技人才力量,同时侧重对海外人才引进的激励;金融、航运、法律服务人才和技能人才4项政策,旨在壮大浦东现代服务业、先进制造业急需的国际化人才、专业型人才;教育、卫生人才政策,着重应对社会事业人才队伍紧缺的瓶颈;海外人才认定标准、人才安居保障政策,主要是为其他政策的实施落地提供共性支撑。相比以往出台的各项人才政策,浦东人才"25条"被认为是出台规格前所未有、系统集成度前所未有、政策力度前所未有。在高度便利的通行居留制度方面,除了建立浦东新区外籍高层次人才永久居留推荐制度以外,还要探索在外国高端人才确认函、科技人才居留许可、外籍人才口岸签证等出入境和停居留制度上改革试点。为知名高校科学、技术、工程、数学和紧缺急需专业外籍人才提供通行和长期居留便利。在建立灵活适配的人才引进落户制度方面,加强对重点产业、重点区域和基础研究领域引进人才落户支持力度。争取优化国内人才引进直接落户和留学回国人员落户审批机制。加大区域专用落户政策对科技人才、青年人才、技能人才的支持力度。深化非上海生源应届高校毕业生落户受理及重点扶持用人单位认定机制。其中"明珠计划"明确提出,将面向全球引进一批站在国际科技前沿、引领科技自主创新的海外高层次人才,同时发现并培育一批具有引领作用或高成长潜力的创新创业人才。"明珠计划"囊括了人才引进资助、贡献奖励、项目补贴、机构补贴、项目空间支持、科技企业及研发项目支持、知识产权资助、投融资支持、引进人才落户支持、安居支持、教育医疗服务、通行和工作便利等12条一揽子激励措施,形成对高层次人才创新创业全方位、全周期激励和保障。在支持力度上,突出对团队和项目的综合资助,"明珠高峰人才"领衔的重大项目按项目实际支出的50%给予最高1亿元补贴。与此同时,浦东还颁布了首个以"院士"为对象的人才政策——院士专项政策(院士八条),以一系列的政策加持和资金补贴,鼓励引进培育院士,支持院士创新创业等,让更多"最强大脑"为打造社会主义现代化建设引领区贡献才智。

(四)聚焦海外人才创新创业痛点,"4+1"海外人才系列新政,进一步提升各项政策能级

2020年8月28日,市人社局、临港新片区管委会发布《进一步支持留学人员来沪创业的实施办法》《上海市海外人才居住证管理办法》及实施细则《关于做好优秀外籍高校毕业生来沪工作等有关事项的通知》《上海留学人员创业园管理办法》及临港配套出台的《中国(上海)自由贸易试验区临港新片区支持留学人员创新创业若干措施》等"4+1"海外人才系列新政。海外人才"4+1"新政聚焦新时期海外人才在沪创新创业的需求痛点。其中,留学人员创业新政在集成全市创业支持政策的基础上,进一步放宽留学人员创业团队核心成员落户条件、加大对知识产权保护力度、提供"留创贷"等融资服务;海外人才就业新政重点在临港新片区率先突破体制机制,允许企业直接聘雇优秀外籍高校本科毕业生在临港工作;海外人才乐业新政则通过升级海外人才居住证,拓展持证人待遇,如外籍人才可申办人民币信用卡、使用"随申办",留学人员可申请最长10年期证件等,同时,为支持长三角一体化发展,探索试点在长三角示范区内工作符合条件的人才申办海外人才居住证。

一是为留学人员来沪创业提供立体支持。此次发布的《进一步支持留学人员来沪创业的实施办法》按照国家"拓宽留学渠道,吸引人才回国,支持创新创业,鼓励为国服务"的工作要求,结合新时期留学人员回国创业的特点和上海实际,为留学人员来沪创业提供从资金支持、社保补贴、知识产权保护,到落户"绿色通道"、专业服务等在内的立体支持。其中,进一步放宽留学人员创业企业核心团队成员落户条件、创新"留创贷"融资服务引人关注。该办法尤其加大对拥有专利、科研成果和专有技术的海外留学人员来沪创办企业的支持力度,以促进科技成果转化、提高自主创新能力、优化产业结构。《上海留学人员创业园管理办法》的出台,将进一步推进上海留学人员创业园的规范化发展、科学化运作和系统化提升。为落地一批"全球领先、国内首创"的项目和成果、形成一批具有行业驱动力和全球竞争力的留学人员企业、涌现一批具有社会影响力与国际号召力的企业家提供有力的制度保障。

二是政策向重点区域和重点领域倾斜。为精准对接上海四大功能定位,有效提升上海在全球范围内对人才资源要素的集聚能力、配置能力和辐射能力,《关于做好优秀外籍高校毕业生来沪工作等有关事项的通知》出台,积极回应广大用人单位和国际青年人才呼声,规范国(境)外人员就业管理,更好适应未来人才工作方向。该政策囊括全球优秀青年人才,包括国际学生、国(境)外高水平大学外籍毕业生、外籍博士后以及符合人社部国际青年实习交流计划的青年人才。在分类施策、配额管理的基础上,政策向重点区域和重点领域倾斜,如在临港新片区率先突破体制机制,放宽企业限制,可直接聘雇优秀外籍高校本科毕业生在沪工作,以有效促进国际人才便捷合理流动、释放发展动能,营造全球优秀人才近悦远来的良好环境。

三是实行海外人才居住证制度。上海市海外人才居住证制度作为解决海外人才在沪工作生活待遇、全国首创的一项人才制度,覆盖了各类人群,实施多年来对吸引海外人才来沪工作、创新创业发挥了积极作用。此次新修订的海外人才居住证管理办法及实施细则以精细化定位上海战略发展需要、市场化发挥人才评价机制的特点,建立了梯度化的待遇服务体系和便利化的全程使用体验。持证人可在居留许可、工作许可、创办企业、社会保险、行政机关聘用、公积金、子女教育、资格评定考试和登记、人才发展专项资金、通关便利、来沪定居、永久居留、金融服务、驾驶证照办理、非营业性客车额度拍卖、评选表彰、政务服务等17个方面享受权益。

(五) 助力打造五大新城等新经济增长极,推出人才落户和居住新政

2021年3月19日,上海市政府新闻办举行《关于本市"十四五"加快推进新城规划建设工作的实施意见》相关情况的发布会。计划到2025年,打造百万级人口新城嘉定、松江、青浦、奉贤、南汇等5个新城常住人口总规模达到360万左右,新城所在区GDP总量达到1.1万亿元,新城基本形成独立的城市功能,初步具备综合性节点城市的地位。

为了加快打造百万级人口新城,并推进新城高质量发展,上海市发改委会同相关部门制定了5个方面20条政策,加快吸引各类人口人才向新城集聚,实施人才安居住房政策,加大规划土地保障力度和财税金融支持力度,加快建设更高水平的营商环境。具体来看,在人口政策方面,优化新城人才落户和居住政策,着力培养引进技能人才,加大对新城社会事业人才导入的力度,提升对海外人才吸引力方面的具体政策措施。比如提出针对符合条件的人员,缩短居转户的年限和实施居住证专项加分等,并研究新城社会事业人才职称评审倾斜政策,加大优秀教师、医生向新城的流动等举措。在住房政策方面,上海提出要完善多元化的住房供应体系,引导住房在新城合理布局,完善新城大型居住社区功能等方面提出政策举措。比如要研究建立租购并举、租售衔接的人才居住政策,增加新城人才公寓、公租房等保障性住房的供应量比重。

近年来,上海注重统筹国内、国际两方面人才资源,大力推进人才计划优化整合,做精行业人才培育计划,做强人才引进计划,做优青年人才培养计划,做实人才计划管理机制,形成"塔尖集聚高层次人才、塔身培育领军骨干人才、塔基培养行业创新人才"的金字塔式人才引育体系,引育一批领军人才、学科带头人,助推领军人才、学科带头人成长为行业专业领域的旗帜。经过近年来的努力,上海基本形成"引得来、留得住、用得好、流得动"的人才政策体系,人才优势正成为上海城市核心竞争力和软实力的重要体现。

目前上海人才资源总量持续壮大。上海人才资源(党政、经营管理、专业技术、高技能、农村实用和社会工作人才6支队伍)总量675万人。海外人才吸引力持续增强。在沪工作外籍人才达28万人,占全国24%,排名全国第一;截至目前,来沪工作和创业的留学回国人员已达22万余人,排名全国第一;在"外籍人才眼中最具吸引力的中国城市"评选中,上海连续8年排名全国第一。同时,人才创新成果持续涌现。上海获得国家科学技术奖占比连续19年保持10%以上,2019年、2020年的一等奖占全国20%以上,近年来上海科学家在《自然》《科学》《细胞》三大国际顶级学术期刊发表论文占全国总数超过25%。

三、南京促进人才发展的创新举措

南京科教资源众多,每万人在校大学生、研究生数量均排在全国第二位,入选"双一流"建设的高校和学科数量,以及在南京工作的两院院士数量位居全国第三位,丰富的科教人才资源是南京创新发展的最大优势。近年来,南京围绕人才治理的关键环节深化改革创新,努力打破制约围绕人才治理关键环节,释放本地科教资源活力。

(一)针对人才流动新特点新趋势,构建全球引才网络

一是聚焦"市委一号文",推出一揽子人才政策举措。自2018年开始连续4年,南京市聚焦创新推出"市委一号文",分别推出"创业南京英才计划"、青年大学生"宁聚计划"、"紫金山英才计划"等一系列重点人才计划,从积极引进全球人才、开放举荐各类人才、精准制定培养举措、优化人才激励奖励等方面提出一揽子举措,向海内外创新创业人才抛出橄榄枝。[1]

二是面向海内外高校,深度推进校地合作。除了政策牵引,南京主动走出去推介自己、寻求合作。分别启动"生根出访"和"百校对接"项目,深度推进校地合作。"生根出访"是面向海外,"百校对接"是深入国内,共同构成南京对外吸纳科技创新资源的两大机制。2018年,"生根出访计划"启动实施,南京各板块园区分别对接一个创新大国和一个关

---

[1] 《南京:让人才创新活力持续迸发》,《中国组织人事报》2021年7月9日。

键小国,面向海外重点高校、科研院所等创新资源富矿,联动引人才与引项目,构建覆盖全球的国际人才创新合作网络。随着剑桥大学、哈佛大学海外创新中心等一批优质合作项目挂牌落地,一大批高素质国际化人才纷至沓来。2019年底,南京瞄准国内高校院所优质资源,启动"百校对接计划",根据学科领先性、产业匹配度标准,精选全国百家重点高校院所,组织产业园区百名科技人才专员驻点对接,推动人才交流、项目合作,织密校地合作纽带。一年多来,已向69所重点高校选派人员106人次,覆盖全国19个省、22个城市,落地和在谈新研机构59个,引进高层次人才(团队)500多人,共建校地、校企合作联盟和实习基地79个,转化科技成果300多项。2020年底,重庆大学与南京签署协议,在浦口共建首个异地研究(生)院,未来将打造兼具人才培养和成果转化功能的产学研融合基地。武汉大学测绘遥感信息工程国家重点实验室GIS工程中心朱欣焰率领的人才团队与六合区合作,共同投资成立"南京北斗创新应用研究院",落户以来,已孵化3家企业,涵盖智能驾驶、智慧城市等领域。"通过实施'百校对接计划',填补南京尚未建立深度合作关系的省外高校院所空白,推动南京与国内重点'双一流'高校以及大院大所的全面对接,实现'两落地一融合'向纵深发展。"[①]

三是搭建常态化人才交流平台。搭建常态化的人才交流平台也是南京全球揽才的重要手段。近些年来,南京定期举办紫金山人才发展国际峰会、全球菁英人才节、高层次人才交流洽谈会等特色品牌活动,广邀全球人才,擦亮引才名片。疫情防控期间,举办"才汇金陵·共创未来"云聘云创活动,采用"线上+线下"方式,通过网络直播同步向全球推介南京人才政策和创新环境,人才"云聘"平台一次

[①] 仇惠栋、盛文虎:《"百校对接计划":南京开启招才引智新模式》,《决策》2021年第6期。

性提供超 1.2 万个就业岗位。

(二) 围绕人才治理关键环节,释放本地科教资源活力

南京科教资源众多,每万人在校大学生、研究生数量均排在全国第二位,入选"双一流"建设的高校和学科数量,以及在南京工作的两院院士数量位居全国第三位,丰富的科教人才资源是南京创新发展的最大优势。但同时,和全球任何一座创新城市一样,南京正直面创新发展三大问题:科研与产业如何融合? 政府与市场如何协同?"高原"和"高峰"如何打造? 为把"两张皮"拧成"一股绳",让科教沃土渗出更多"创新养分",近些年来,南京围绕人才治理的关键环节深化改革创新,努力打破制约人才活力释放和资源优化配置的体制机制障碍。

一是推进科研与产业融合方面。为深化校地人才交流和产学研合作,南京积极推进新型研发机构建设,实行人才团队持大股,组建的 410 多家新型研发机构中,人才团队平均持股比例达 56%。积极推行"双聘制",支持高校院所拿出教授岗位、专门编制等与地方联合引才、向创新型企业开放,为科研人员"创新在高校院所、创业在园区平台"提供制度支持和保障。

二是协同政府与市场,深化人才评价方面。贯彻中央深化"三评"改革的部署要求,突出用人主体作用和市场导向,建立市场化多元化评价体系。创新类人才突出市场薪酬评价标准,创业类人才突出社会资本评价标准,对用人单位花高薪引进的创新人才、获得风投大额注资的创业人才,直接纳入重点人才计划予以支持。打破"四唯"桎梏,实施高层次人才举荐制,由两院院士等业界专家、龙头企业、新型研发机构、金融投资机构等负责人组成"伯乐"团相才荐才,经认定的优秀人才,直接

纳入南京A—F类人才名单,享受相应的双创支持、人才安居、子女教育等政策。在人才激励方面,建立人才科技贡献奖励制度,对各类创新主体中获得市场薪酬50万元以上的人才,根据科技贡献按照比例予以奖励,对企业引进使用高层次人才,给予引才用才示范奖励,强化对人才和用人主体的双重激励。为了提升人才和企业的获得感、体验感,采取大数据后台抓取、免申报直接到账的方式,让广大人才和企业更便捷地享受到政策红利。实施3年来,有近1万名人才和58家企业获得奖励,总金额近2亿元。

三是针对创新创业现实难题,人才发展阶段性需求方面。针对人才创新创业中面临的资金、载体、市场等现实难题,南京研判人才成长阶段性需求,精准推送项目资助、贷款贴息、免租金办公场所、创新产品首购首用等双创扶持。对引进培育的顶尖专家(团队),给予500万—1000万元支持,综合资助最高1亿元。对高层次创业人才,资助额度从"十三五"期间的最高150万元提高到当前的350万元。对青年大学生提供见习补贴、放宽落户、创业资助、人才安居等一揽子政策。在金融支持上,由紫金投资集团牵头发起,设立人才创新创业投资基金和人才创投联盟,人才基金首期规模2亿元,定向支持人才企业发展,设立总规模不低于20亿元的海外人才创新创业天使基金,专项支持海外人才创办的各类科创主体。在拓宽发展机遇上,聚焦产业链定期发布应用场景,打造底层技术和应用协同的"试验场",让更多企业发现机会、发现价值,围绕痛点、难点解决问题,寻求更具前景的创新模式和产品方向。

(三) 构建精准支持服务矩阵,营造宜居宜业人才生态

吸引人才特别是高端人才的首要因素,不是薪酬待遇,而是城市的

第五章　长三角地区主要城市及深圳的人才政策创新举措及启示

发展环境。构建良好的创新创业生态,不仅要解决好事关人才事业发展的"头等大事",同时更要关注人才安居乐业的"关键小事",打消人才干事创业的后顾之忧。近些年来,南京聚焦顶尖人才、高层次双创人才、青年人才等重点群体,着力构建有温度、人性化的综合环境,覆盖广、支持强的服务矩阵,让各类人才都能在南京得到精准支持、找到用武之地。

一是推出紫金山英才卡,集成各类公共服务和市场资源。公共服务上,实施人才"无门槛"落户,帮助人才第一时间享受市民待遇。2018年首次人才落户新政出台以来,累计办理落户19.6万人。围绕病有所医,实施人才优诊制度,为人才提供挂号、就诊、体检等便利服务。围绕学有所教,统筹全市教育资源,为高层次人才子女就学提供政策保障。围绕住有所居,综合运用购房补贴、租赁补贴、人才公寓、共有产权房、公共租赁住房等方式,分类提供人才安居服务。"十四五"一开局,南京就推出紫金山英才卡,集成18类60项公共服务和市场资源,从落户安居、教育医疗、文化旅游等多个方面,为人才提供全方位多层次支持。

二是建设国内首个"海智湾"国际人才街区,打造专门载体筑巢引凤。为承接海外人才"回流",2020年底,南京首创"海智湾"国际人才街区,聚焦海外人才落地需求,构建"类海外"环境,提供一站式服务,对入驻人才,给予3个月免租"拎包入住"人才公寓,其间每人每月发放研习补贴,并"一人一策"开展政策辅导、职业规划、创业孵化等服务。短短半年时间,已有2 500人申请,1 067人通过审核,577人入湾,其中90%为硕博士、80%来自世界前200强名校和研究机构。

三是建立南京党委(党组)联系服务专家制度、园区载体服务人才网格化体系。为强化服务人才第一责任,南京党委(党组)联系服务专家制度、园区载体服务人才网格化体系,把联系服务人才的任务落实到各级党组织和每个人才工作者身上。实施人才问需"月谈"制度,市人才办每月牵头举办专题座谈会听取意见,对人才提出的诉求,限时5个工作日办理,调动各方资源为人才排忧解难。每年无记名调查的人才发展环境满意度问卷显示,高层次人才对南京服务满意率逐年递增,2020年人才发展环境满意率达98.08%。

四、杭州促进人才发展的创新举措

作为省会城市,杭州一直重视人才资源对城市核心竞争力的支撑作用,于2004年提出大力实施人才强市战略。近几年,杭州围绕以一流环境引一流人才、以一流人才建一流城市,通过政策创新、项目引领、平台搭建、加强培育、提升服务全力打造人才生态最优市,出台多项人才政策,人才聚集效应不断显现,创新创业氛围日益浓厚,人才强市战略实施取得阶段性成效。杭州为长三角副中心城市和省会城市,在引领周边城市发展、打造高质量发展经济带和吸引人才集聚方面发挥着重要作用。作为新一线城市的重要一员,杭州都市圈发展势头较猛。近些年,杭州的互联网公司综合实力雄厚,处于国内领先地位,数字经济产业与信息技术产业高速发展,有以阿里巴巴为首的世界级领军企业,经济基础和科技创新能力较好,对于高层次人才需求旺盛,同时,杭州还拥有充满活力的人才发展环境,高层次人才政策的落实效果较好。①

(一) 围绕引育留用,推动建立多维立体人才政策体系

一是政策出台密集且呈递进性。作为国务院国有资源监督管理委

---

① 余方正:《从人才引进看杭州城市发展的未来》,《浙江经济》2021年第3期。

员会确定的四大全国未来科技城之一,2015年以来,杭州市先后出台《关于杭州市高层次人才、创新创业人才及团队引进培养工作的若干意见》(简称"人才新政27条")、《关于深化人才发展体制机制改革完善人才新政的若干意见》(简称"人才若干意见22条")、《关于加快推进杭州人才国际化的实施意见》(简称"全球聚才十条""开放育才六条")、《关于服务"六大行动"打造人才生态最优城市的意见》(简称"人才生态37条")等系列文件,重点围绕引才、育才、留才,着力构建与产业结构相匹配的人才体系、营造良好的人才发展生态,不断提升城市国际化水平。其中"人才新政27条"综合性强,涵盖加大人才和团队引进培养力度、完善人才创业扶持政策、优化人才生活服务保障等内容;"人才若干意见22条"进一步对"人才新政27条"进行完善,侧重市场化导向,提出人才评价、人才激励、人才管理服务等方面的实施意见;《关于加快推进杭州人才国际化的实施意见》突出国际化人才的内培外引,将"人才新政27条"的适用范围进一步扩大至外籍人才;"人才生态37条"立足杭州发展特色,着重通过实施四大工程和七大计划优化人才生态,全方位激发人才活力。

二是政策注重国际化人才和青年人才引育。以"开放育才六条"重点推进本土人才的国际化培养,实施"杭州国际化人才培养工程",加强人员国际交流,根据需要合理安排高校、科研机构、国有企业、教育、医疗等科研人员因公出国(境)开展学术交流与合作活动,建立科研人员因公出国(境)分类管理制度。通过"全球聚才十条"重点招引外国人才,大力招引外国尖端人才,外国人才来杭创办企业并符合杭州产业发展导向的项目,经评审给予一定的创业资助。外籍人才可享受申请在华永久居留、出入境签证、居留许可、口岸签证等七项出入境便利政策。同时,加快外国人才在杭生活配套设施建设,提升公共服务国际化程度,满足外国人才在杭生活需求。通过"青年人才弄潮工程"全面实施全球大学生招聘计划、博士后倍增计划、大学生创业培育计划等,以及增设青年人才专项覆盖人才落户、生活补贴、创业资助等一系列措施,加强青年人才集聚。

(二) 创新人才分类模式,政策导向体现市场化

一是针对不同人才分类,政策涉及人才覆盖面广。围绕创新驱动战略和产业发展重点,打破原有按行业划分人才的模式,创新"5+1"人才范围界定,将杭州市重点引进培养的高层次人才按照能力水平和业绩贡献分为国内外顶尖人才(A类)、国家级领军人才(B类)、省级领军人才(C类)、市级领军人才(D类)、高级人才(E类)5个层次,不同层次的人才享有不同政策。经认定,产业发展急需、社会贡献较大、现行人才目录难以界定的"偏才""专才"同样可以享受相应的人才政策。针对外国人才,根据其学术能力、技术水平、业绩贡献等,按顶尖人才(F1类)、领军人才(F2类)、特优人才(F3类)、高端人才(F4类)、高级人才(F5类)5个层次进行分类认定,研究制定相应政策。

二是政策导向市场化。深化人才发展体制机制改革,进一步培育壮大市场主体,给予用人单位更大的自主权。在人才资源配置上,培育壮大各类风投、创投和孵化机构,大力发展人力资源服务业,加强引才、育才市场化操作。在人才评价上,将人才项目发展实绩与人才项目后续资助绑定,避免"一评定终身"人才项目评价模式不够科学的问题。在人才激励上,完善事业单位科研人员收入分配政策,重要贡献人员和团队的收益比例应不低于70%,探索试点市属国有企业人才薪酬激励、股权激励、期权激励、科研成果激励。在人才管理服务上,积极培育发展产业人才协会和人才猎头专业委员会,鼓励协会、学会等组织有序承

接政府转移的人才管理服务职能。在人才考核与退出机制上,根据人才发挥的实际作用灵活施策,支持各地各部门及用人单位结合实际情况制定具体的考核办法,经核实认定后牵头部门可取消对人才的相关激励政策。

(三) 实施人才集聚工程,树立杭州引才品牌

一是大力实施"名校名院名所"建设工程。面向世界科技前沿、国家重大战略需求和杭州发展需要,建设一批在国内外有重要影响力的高水平大学和科研院所,支持多种方式保障"三名工程"建设经费和用地,加强前沿科学研究和创新创业人才培养,打造人才高地。建设国际人才创业创新园,入园企业和项目经评审可获得创业扶持资金、科技重大专项支持经费以及按规定享受高新技术企业有关税收优惠政策,园区引进的高层次外国专家经评审给予最高 60 万元的年薪资助。西湖大学、清华长三角研究院杭州分院、北京大学信息技术高等研究院、奥克兰大学中国创新研究院等高端研究平台不断入驻,未来科技城、人才创业创新基地等产业园区平台能级不断提升,加快推动人才集聚。西湖大学于 2018 年 2 月正式获教育部批准设立,现已面向全球开展十余次学术人才遴选,引进了逾百名高端学术人才。之江实验室园区一期工程加快推进,自 2017 年成立以来,实验室引进了十多位以图灵奖获得者、国内外院士领衔的首席科学家和方向带头人,集聚了百余人的双聘和流动科研力量,组建了上百人的青年科研队伍。在全国率先与国家外专局合作共同建设国际人才创业创新园,积极探索外国人才管理服务体制机制创新,已累计引进高层次外国人才项目 54 个,签约金额 8.7 亿元。[①]

[①] 杭州市发展和改革委员会课题组:《夯实杭州高质量发展的人才根基》,《浙江经济》2019 年第 6 期。

二是树立杭州引才品牌。推进杭州市全球引才"521"计划,自2011年实施以来共评定了8批350名创新创业人才,2019年共收到有效申报人选680名,同比增长41.1%,通过形式审查后实际有474名进入书面评定环节,同比增长34.3%,增幅均为历年最高。积极打造"一赛(创客天下·杭州市海外高层次人才创新创业大赛)一会(浙江·杭州国际人才交流与项目合作大会)"海外引才"金名片"。创客天下·杭州市海外高层次人才创新创业大赛自2015年举办以来已有90个项目在杭落地,注册资金7.7亿元。2019年大赛共征集到来自20多个国家和地区的1 684个项目报名参赛,报名数量创新高,其中有1 129个留学人员项目和416个外国人项目进入海选。杭州国际人才交流与项目合作大会自2009年举办至今已累计邀请4 974名海外高层次人才和288个海外留学人员社团参会,洽谈项目5 522个;其中累计签约项目1 406个、签约金额195.44亿元,累计落地项目700个、注册资金92.6亿元。[1]

(四) 推进"揭榜挂帅"机制,打造全球人才蓄水池

大力推进"揭榜挂帅"机制,探索人才使用机制和科技成果转化新模式。着眼科技人才引育和发展,探索构建明晰的科技人才内涵、外延理论支撑和评价体系,以人为核心推动经济社会发展。试行"揭榜挂帅"攻关模式。围绕人工智能、生命健康、新材料等重点领域,通过"政府引导、企业主体、市场配置、上下联动"等方式在高端人才与企业技术需求"供需"两端同时发力,为企业破解技术难题提供平台。2019年,市委组织部(人才办)联合阿里云聚焦"打造数字经济与制造业高质量发

---

[1] 杭州市科学技术局:《锚定头雁标准打造具有全球影响力的创新创业体系》,《杭州科技》2021年第1期。

展"双引擎,共同打造"潮起钱江·天池"大赛平台,开展了"揭榜挂帅"的初步探索。杭州发布的"揭榜挂帅"项目涉及的技术领域,与杭州市重点产业领域高度吻合,包括新材料类,创新药物类,生物技术与医疗类,新能源、节能与环保类,新型电子信息类,高端装备制造与先进制造类等。

同时,以"揭榜挂帅"推进引才引智新探索。高目标打通人才"双循环"通道,用活用好外国人来杭工作便利措施,打造国际一流营商环境,畅通人才来杭通道。主动对接国外优质双创资源,拓展引才渠道,探索"海外人才飞地"建设和扶持方式。打造全球人才蓄水池。充分发挥浙江大学、西湖大学、阿里达摩院等平台的人才蓄水池功能,引进行业顶尖人才。加强国际人才俱乐部建设,为优秀人才提供支撑和保障。提升科技创新与经济社会发展黏合度,举办以"科技创造未来、科技改变生活"为主题的贯穿全年的系列活动。

(五) 深化体制机制创新,营造"热带雨林式"人才生态

近年来,杭州求贤若渴,向海内外人才广发"英雄帖"。从人才驿站的设立到创业补助的发放,从中外人才交流论坛的召开到中外产业园的落地,杭州市多个行政区域各出奇招,吸附广大国际人才与项目落地。2019年11月,杭州市下城区首家国际人才驿站正式揭牌,驿站为海外来华创新创业的高层次人才送去免费工位、中文补习班、免费国际医院预约等12个服务礼包,也为国际项目和海外人才在下城区新增一处落脚点。杭州市上城区创建了杭州市金融人才管理改革试验区和人才生态示范区,近三年该区已投入人才发展专项资金3.4亿元,累计培育和引进各领域领军人才近千名。拥有国家四大未来科技城之一的杭州市余杭区也发布了"人才创业险""人才e家""人才e卡通"等一系列

人才新政。通过"人才创业险"为海内外高层次人才及所在科技企业或项目研发以及研发团队的生活经济补助提供保险保障,杭州余杭区政府根据人才和项目等级类别,可提供最高30万元、100%的保费补贴,用以支持人才创业,解除创业者的后顾之忧。在杭州市西湖区向海内外高层次人才投放10亿元人才远航基金,助力其投身于数字经济、生物医药等新兴产业项目领域的创新创业,促进人才与资本深度链接,助推区域创新创业人才智力成果高效转化。20多个国家和地区的近300名海外人才代表携带300多个项目参加了在杭州市江干区举办的钱塘智谷人才峰会,300多个项目涵盖电子信息、物联网、大健康、新材料等多个领域,共完成签约项目24个,签约金额2.3亿元。杭州市拱墅区承办中德生物经济大会,该区将通过中德合作,设立生物经济产业园区,重点引进德国乃至欧洲生物经济产业领域的知名企业、前沿技术和顶尖人才。

五、合肥促进人才发展的创新举措

合肥同杭州一样皆为长三角副中心城市和省会城市,在引领周边城市发展、打造高质量发展经济带和吸引人才集聚方面发挥着重要作用。2017年,合肥被确立为继北京、上海之后的又一综合性国家科学中心,成为国家科技创新发展的重要平台,在科技实力越来越受重视的背景下对高层次人才的需求也在逐渐攀升。为了将合肥打造成具有全球影响力的人才荟萃之地与创新强市,2011年以来,合肥先后颁布实施了30多项高层次人才政策,例如人才政策20条、人才新政8条等,印发了关于如何准确定义及分类高层次人才,以及高层次人才及其团队应当如何取得该头衔的相关文件,突出"精准"引进,逐步完善了高层次人才的吸收引进、锻炼培养、鼓励激励、评价测试等重要发展环节,基本形成了高层次人才政策的主体框架,营造了活力四射、相对自由的人才发展氛围,助力打造"养人之城"的环境,让各类高层次人才找到充分发挥自身潜能并迸发创造活力的舞台,为城市发展赋予了人才保障、注入了强劲动力。"养人"——这是合肥人才战略的核心和关键、城市发展的动力和引擎。[1] 在推进人才强市战略落地的进程中,合肥围绕这一核心和关键采取了一系列卓有成效的举措。

(一)四招聚用天下英才,养人政策打造养人之城

建立健全人才引进培育政策体系,出台人才新政。制定了《关于建设合肥综合性国家科学中心打造创新之都人才工作的意见》(合发〔2017〕17号),重点提出实施人才发展"6311"工程。配套出台了"国内外顶尖人才引领计划""鸿雁计划"等23个具体实施办法。保障人才投入。在全国率先改革科技投入体制,设立人才专项资金,动态完善以自主创新为核心的"1+3+5"产业扶持政策体系。实施"双引双培"。坚持"高精尖缺"的需求导向,全面推进领军人才和高层次人才创业团队引进、庐州英才和庐州产业创新团队培养等"双引双培"四大工程。拓宽招才渠道。依托中科大校友会、"合肥之友"等平台,探索建立海外人才工作站和海外产业孵化器。各县市区也纷纷出台人才新政,加大落实力度。比如,瑶海区落实《瑶海区关于促进人才创新创业的暂行办法》(瑶办发〔2016〕25号),启动了人才"465"工程,聚焦合肥东部新中心建设和瑶海转型发展,通过创建"海纳英才"品牌,围绕大数据、电子信息、文化创意等重点产业积极吸引人才,取得良好成效。

---

[1] 黄群英:《合肥:融全球智力强科技,聚天下英才助创新》,《国际人才交流》2019年第11期。

(二) 重视现有人才队伍,围绕"稳岗""安居"提档升级

在大力引进外地高层次人才的同时,不能忽视现有的市内各高新技术企业、高等院校、研究院等地的高层次人才队伍在城市发展中起到的重要作用。2020年9月,合肥印发《关于进一步吸引优秀人才支持重点产业发展的若干政策(试行)》(以下简称《若干政策》)。主要是围绕企业和人才十分关注的稳岗安居等问题,突出重点产业、重点人群,通过提供人才免费租房、补贴购房以及发放岗位补贴、柔性引才奖补等措施,让来肥各类人才边安居、边就业,努力营造出让人才来了就不想走的良好环境,促进重点产业高质量发展。

一是围绕人才安居保障,主要有三项支持政策。(1)重点产业企业引进的高层次人才,如在肥无自有住房,可根据人才的层次,分别按照220平方米、180—160平方米、140平方米、120平方米、90平方米标准,免费租住人才公寓3年;自行租住的,3年内可分别按每年6万元、4.8万元、4.2万元和3.6万元标准发放住房租赁补贴,不受落户条件限制。(2)新来合肥市重点产业企业工作的博士、硕士和全日制本科毕业生,在肥无自有住房的,可分别按照不高于90平方米、70平方米和50平方米标准,免费租住国有租赁公司房源3年;自行租住的,3年内可分别按照每年3.6万元、2万元和1.5万元标准发放住房租赁补贴,不受落户条件限制。以上两条,较以往的人才租住补贴政策,对重点产业人才提高了补贴标准,取消了落户限制,降低了享受政策的门槛。(3)为适应人才刚性住房需求,《若干政策》提出允许合肥重点产业企业人才在市区范围内购买首套自住住房。在合肥首次购买自住住房的重点产业企业的高层次人才,可根据人才的层次,对应享受60万元、40万元、20万元、10万元标准的购房补贴,住房公积金贷款申请额度可适当放宽。

第五章 长三角地区主要城市及深圳的人才政策创新举措及启示

二是围绕企业稳岗引才,主要有两项支持政策。(1) 加大稳岗力度,引导人才稳定就业。对在合肥缴纳个人所得税的重点产业企业高层次人才,择优发放岗位补贴,发放补贴的标准为:前3年按实缴个人所得税地方留成部分等额补贴,之后2年减半补贴。这里讲的地方留成部分是指市县(开发区)两级的留成部分,目前为个税总额的25%。(2) 支持柔性引才,促进企业技术合作。对重点产业企业通过项目合作从市外柔性引进的非本单位研发人员,符合条件的按实付工薪的30%给予企业引才补贴,单个项目(人才)补贴不超过50万元。这里的"市外"也包括中央和省属驻合肥企事业单位。政策实施的重点产业包括集成电路、新型显示、人工智能、新能源汽车暨智能网联汽车、软件、智能家电、高端装备制造、生物医药、新材料、节能环保、新能源、创意文化产业。重点产业企业名录库由相关产业主管部门分别建立。

(三) 系统创新优化"养人"环境,涵养人才"生态圈"

对科技人才来说,基本的生活条件不可或缺,但最有吸引力的还是优质的科研条件,要让人才生活有保障、干事有平台、创新有氛围、创业有条件。

一是硬环境,全方位提升城市能级,优化城市环境。2005年,合肥启动了史上最大规模的"大拆违"与"大建设",发挥了"一张蓝图绘到底"的韧劲;2011年,合肥再次扩容升级:地级市巢湖降级成县级市划归合肥,800里巢湖整个变成合肥的城中湖,合肥城市版图一举扩至1.14万平方千米,从"三五城市"到真正的"大湖名城"。

二是软环境。软环境更是系统工程。近年各个城市人才之争不断升级,人才政策也当升级。为最大限度发挥对创新人才的"磁吸力",合肥在人才政策上真金白银投入。合肥"人才新政20条",直接对标沪杭等一线城市:5年内实施人才发展"6311"工程,力争新引进培养国内外顶尖人才和国家级领军人才600人、省市级领军人才3 000人、高级人才1万人,集聚科技创新创业人才不少于10万人。为确保"人才新政20条"落实到位,合肥在许多方面扶持力度前所未有。仅以财政而言,5年内市财政将安排不少于20亿元专项经费支持重点人才项目建设,对单个项目支持最高可达1亿元,"双引双培"资金奖补力度已与沪宁杭等地相当。此外,高层次创新创业人才在医疗服务、子女教育、人才落户等方面享受优待,高达50万元的住房或租房补贴、5年免费人才公寓、买房"不限购"等。

六、苏州促进人才发展的创新举措

苏州处于沿海经济带和沿长江经济带黄金交汇点,是长三角经济区的中心城市,在空间格局上具有承接上海产业集群协同辐射的先天优势,并且作为长三角第二大经济体和最大的制造业基地,人才的发展在实现由"苏州制造"向"苏州智造"转变的过程中发挥着无可替代的重要作用。

(一)巩固提升"金字塔"式人才政策体系

2020年7月,苏州人才新政4.0版《关于加快人才国际化引领产业高端化发展若干政策措施》发布。进一步聚焦产才融合发展,围绕人才国际化引领产业高端化,着力从优化政策环境、强化金融支持、加大奖励力度、提供至高服务等方面同向发力,聚焦人才来苏面临的"房子""孩子""身子""面子""圈子"等现实问题,持续优化"人到苏州才无忧"的创新创业生态。苏州坚持"N+1"的"城市哲学":只要别的地方能给人才的支持,苏州不仅都能给,还可以多一点,努力让来到苏州的人才有更多的安全感、参与感、获得感,有更多的归属感、成就感、幸福感。苏州人才新政4.0版可以用三个关键词来概括,即金字塔、全链式、国际范。①

- 顶尖人才:顶尖人才(团队)引领攻坚行动。将实行"揭榜挂帅"机制,力争三年内引进10个以上具有引领性、原创性、标志性的顶尖人才(团队),"一事一议"给予量身定制、上不封顶的特殊支持。

- 领军人才:双创领军人才提速倍增行动。力争三年内新增6 000名以上,其中市级不少于1 000名,推行人才认定制,对符合条件的优秀人才创业项目,可直接入选姑苏领军人才计划。提高对青年人才支持比例,对创新人才、区域重点产业专项的支持比例分别逐步提高至立项总数的15%和30%以上。

- 专项人才:先导产业人才精准导航行动。力争三年内从海外引进4 000名以上高端人才,其中外国高端专家占比不低于50%。对标国际惯例和国内最优政策,择优按照领军人才最高标准给予资助。

- 匹配人才:产业支撑人才扩面增效行动。三年内引育和资助1万名以上重点产业紧缺人才。大力培养支撑"苏州制造"的产业技能人才,构建全覆盖、终身化职业技能培训体系。鼓励企业设立"首席技师工作室",给予最高10万元一次性开办奖励。

---

① 《人才新政!深度解读!》,https://www.thepaper.cn/newsDetail_forword_8239500。

一是金字塔式人才政策体系再巩固。通过开展"顶尖人才（团队）引领攻坚""双创领军人才提速倍增""先导产业人才精准导航"和"产业支撑人才扩面增效"四大行动，大力引进产业升级急需的各类人才，为苏州发展实现量转质、大转强的再次跨越提供要素支撑。

二是全链式人才发展模式再健全。通过系统集成人才、科技、金融、产业等政策措施，为人才发展提供"全链式""全周期""全天候"服务。

聚焦人才成长链。审慎放宽人才落户限制，有序扩大"先落户、后就业"重点群体实施范围。产业急需的全日制博士、硕士可分别享受不少于5万元、3万元的一次性生活（租房）补贴。可通过积分认定的方式入选"重点产业紧缺人才计划"，享受最高15万元薪酬补贴。实施苏州市高端人才奖励计划，在苏州先导产业或前沿科技领域做出突出贡献的高端人才及自贸片区急需人才，每年可获最高40万元奖励。

聚焦企业发展链。人才创业之初，即可享受姑苏创业天使计划和姑苏领军人才计划支持，对重大创新团队给予最高5 000万元项目资助，对优秀人才项目资助提高至最高500万元。新设"高成长性人才企业培育专项"，给予最高200万元滚动资助、紧缺人才自主推荐权等集成支持。因才制宜打造"人才贷""人才保""人才投"等产品，提高人才企业金融满足率。突出用人主体主导用人，对引进后入选市级以上人才计划的企事业单位，给予最高100万元引才奖励。配套"海鸥计划""驻留计划""校地双聘"等柔性引智举措，单个项目（个人）补贴上限提高至100万元，帮助企业共享国内外智力资源。

三是国际范创新创业生态再优化。通过国际化的"至高服务"，打造苏式生活"金口碑"。

搭设"国际范"的事业平台。积极融入全球创新网络，对来苏或"出海"建设独立研发机构的,给予最高1000万元支持。鼓励国际高端猎头机构、技术转移专业服务机构在苏依法设立总部或运营机构,持续做优全球高端网络引才平台。积极拓展国际人才活动空间,鼓励企业家到境外创新资源集聚区开展研修交流,支持企业深度参与国际分工,在全球创新舞台上发出更多"苏州声音"。

提供"国际范"的便利服务。建立外籍高层次人才工作、居留和出入境绿色通道,简化永久居留申请材料。市级受理时限缩短至10个工作日,为优秀外国学生实习和创新创业活动提供最大便利。全面接轨国际人才评价标准,探索将先进的国际职业评价标准引进融入职业评价体系。对取得国际职业资格证书的人才,比照认定或享受相应等级待遇。鼓励大企业和领军企业的企业家到境外创新资源集聚区开展创业研修和产业交流,最高按研修费用的20%给予补贴。

(二) 发布人才制度改革十五条,加快人才聚焦

2021年7月10日(第十三届)苏州国际精英创业周暨第二届苏州科学家日在苏州国际博览中心开幕,开幕式上,苏州重磅发布《苏州市人才制度改革十五条》等人才新政,主要聚焦加快集聚培养、强化要素保障、综合环境打造三部分。

(1) 加快集聚培养。一是扩大青年人才专项支持。设立"青创人才专项",可突破资历、出资、来苏时间等限制,将在苏高校、科研院所中的青年创新人才纳入专项支持范围;打造"才聚位来"多维度青创类节目,开通青年人才全球招引频道。二是更大力度集聚海外人才。出台鼓励支持留学人员来苏创新创业若干措施,在增加就业机会、拓展发展空间、支持留创园建设、强化激励保障等方面给予"一揽子"支持;在姑苏科技创业天使和重点产业紧缺人才计划中设立"留学人员专项",最高

可获得50万元项目资助、10万元创业补助、15万元薪酬补贴。三是便利外籍人才来苏发展。简化外籍人才来苏工作许可办理流程，适当放宽年龄、学历和工作经历等限制；外籍高层次人才经单位同意并备案后，可在苏兼职创新创业；推行外籍人才境内经常项目下合法收入购付汇等便利化措施。四是深化人才工作协同发展。探索建立新时代"星期天工程师"制度；参与G60科创走廊人才合作，推动共建共享机制建设；建立创新创业大赛获奖项目与人才评价、人才服务贯通机制。五是创新人才柔性流动机制。推行"校地双聘制"，支持在苏高校、科研院所为科技领军人才提供教授岗位；鼓励企业类设站单位为留苏博士后做出制度安排，同等给予30万元安家补贴。建立"高层次人才编制池"制度，对在苏高校、科研院所围绕重大战略需求引进的特殊人才，按规定予以事业编制保障。[①]

（2）强化要素保障。一是推动产教更加紧密融合。大力发展"校友＋"经济，鼓励高校校友联盟等精准对接高端人才项目，给予最高50万元社会化引才奖励。构建10个左右产教融合联合体，每年遴选建设10个优秀企业学院，优质人才项目纳入"产教融合型企业"项目培育，给予"金融＋财政＋土地＋信用"的组合式激励。二是大力推进双创载体建设。加强与知名高校、创投资本、专业中介组织等合作，打造专业化双创载体，突出产业特色，强化专业运维；对国家级、省级科技企业孵化器、大学科技园和国家备案众创空间自用以及无偿或通过出租等方式提供给在孵对象使用的房产、土地免征房产税和城镇土地使用税；对其在孵化服务取得的收入免征增值税。三是支持研发用地提容增效。鼓励生产性研发项目用地（Ma）提高开发强度，容积率可提高至3.0以上；

[①] 沈思怡：《苏州海外高层次人才引进机制的评价与优化》，《人才资源开发》2020年第9期。

制定差别化的科教研发等专项服务产业项目用地地价评估方法,促进存量工业用地转优升级。四是推进工业邻里中心建设。鼓励在产业园区内建设工业邻里中心,一站式解决区域内企业办公服务配套需求;科技创新企业的工业用地配套用房比例最高可提高至总计容建筑面积30%;生产、研发、中试、检测、销售一体化发展的优质企业,可实行工业、研发、商务、商业(含人才公寓)复合利用方式供地。五是加大人才公寓供给力度。未来3年,建设若干国际创新社区,提供不少于10万套人才公寓。鼓励利用存量建筑发展保障性租赁住房,明确一定比例用于人才公寓,实行继续按原土地用途和权利类型使用土地的过渡期政策,租赁期间用水、用电、用气价格按照居民标准执行,过渡期内免于征收相关土地收益。

(3) 综合环境打造。一是丰富数字经济应用场景。按不同应用场景,组织数字经济融合创新与供需对接,加强对人才企业首台(套)重大装备、首批次关键材料、首版次软件等创新产品推广应用;对服务苏州数字经济发展,推进制造业企业智能化改造和数字化转型成效明显的企业,给予重点支持。二是强化股权激励政策实施。符合条件的人才企业转化科技成果可给予本企业相关技术人员股权奖励,实行不超过5个公历年度内分期纳税政策;加大高校、科研院所人员科技成果转化股权期权激励力度,推进科研人员成果转移转化贡献奖励。三是全面强化金融服务支撑。发挥"姑苏人才基金"直投作用,逐步增资至20亿元,带动社会资本投资人才项目不低于100亿元;鼓励天使投资引导基金的子基金投向人才项目,实行差异化考核,加大基金回购让利力度;支持保险机构定制开发"人才保"产品,助力人才二次创业。四是放大"双招双引"联动效应。打造专业化科技招商队伍,统筹谋划产业项目与人才项目,在招商引资过程中明确招才引智目标任务;实施"双招双引"联动考核,提高招才引智工作在综合考核中的比重,对引进的人才项目,可按招商项目投资额度一定比例进行考核。五是提高人才政策兑现质效。整合构建"人才云"大数据系统,畅通政策精准传达和快速兑现渠道;打造"苏show才"政策一点通,实现个性化匹配、便捷化申报、一键式兑现。

(三)留学人才的专项支持再"加码"

苏州发布《关于进一步鼓励支持留学人员来苏创新创业的若干措施》,对留学人才的专项支持再"加码"。本次发布的政策共12条,结合新时期留学人员回国创新创业特点需求,重点聚焦增加留学人员回国就业机会、拓展高层次留学人员回国创新创业发展空间、加大对留学人员创办领办企业支持、强化留学人员激励保障等方面提出支持举措。政策包括拓宽支持对象范围、鼓励多种服务方式、实施引才专项支持、加大金融支持力度等条款。新政提出,对应聘在苏州市单位驻境外机构工作的留学人员,视同在本地服务,享受相关政策待遇;鼓励本市设站单位和国际创客育成中心等海外载体合作建设博士后联合培养平台,海外进站博士后享受在苏同等待遇。明确在"姑苏科技创业天使计划""姑苏重点产业紧缺人才计划"中设立"留学人员专项",分别给予提高留学人员项目立项比例和申报加分支持。对入选国家和省级留学人员资助项目的人才,分别给予10万元和1万元的一次性奖励等。

围绕创新创业关键要素,苏州为留学人员来苏创新创业提供金融支持、创业奖补资助、研发费用补贴、知识产权保护、职称评定和技能认定等一揽子支持。政策明确扩大姑苏人才基金规模,投资留学人员在苏创业企业的比例不低于50%;推动股权投资基金管理机构为留学人员企业提供股权融资服务,并按规定给予投资机构最高500万元奖励;

对符合条件的留学人员个人和团队,按规定给予最高50%的研发服务费用补贴,以及开业、带动就业、创业培训和社保、场地租金等方面补贴。

苏州长期高度重视留学人员工作,于2015年起先后出台《关于做好留学回国人员创业带动就业工作的实施意见》《苏州市留学回国人员创新创业园管理暂行办法》等专项政策。截至2020年,全市留学回国人员总量累计达到5.1万人,占比超过全省1/4;累计建成市级以上留创园23家,其中国家级3家、省级13家,获评省级留创示范基地11家,留创载体建设规模和质量持续位居全省乃至全国前列。

七、深圳促进人才发展的创新举措

随着粤港澳大湾区和中国特色社会主义先行示范区建设全面铺开、纵深推进,深圳人才政策也在不断"迭代升级"。深圳不断深化人才发展体制机制改革,持续推进人才对外开放,大力推动从过去的依靠政策比较优势吸引人才向依靠优良的环境和文化集聚人才转变,逐步构建更加开放包容的城市聚才新格局,并拉开新一轮人才政策变革序幕。

(一)建立"特聘岗位制度",构建市场导向人才分类评价激励体系

哈尔滨工业大学(深圳)、南方科技大学、鹏城实验室、清华大学深圳国际研究生院、深圳大学、香港中文大学(深圳)、中国科学院深圳先进技术研究院7家用人单位对外发布首批"特聘岗位"申报指南,这是深圳首批特聘岗位。该类岗位的设置旨在支持科研、教育、卫生健康、文化体育等领域的高精尖缺人才发展,用人单位可以根据事业发展需要和专业领域特点,自主设置特聘岗位,充分发挥用人主体在人才评价中的作用。特聘岗位分为A、B、C、D四档。人才获聘特聘岗位后,可按

规定享受相应的岗位绩效奖励,申领"鹏城优才卡",享有创新创业、生活保障、文化休闲等全方位人才服务。

表5-1 深圳特聘岗位4个档次

A档	特聘岗位聘用对象应处于本领域、本专业世界一流或国内顶尖水平
B档	特聘岗位聘用对象应处于本领域、本专业国际先进或国内领先水平
C档	特聘岗位聘用对象应在本领域、本专业有一定影响力
D档	特聘岗位聘用对象应为优秀青年骨干人才,而且仅用于基础教育、卫生健康、文化体育领域新引进紧缺人才

"特聘岗位"制度的一大特点就是突出了用人主体自主权。以往引进高精尖缺人才实行全市统一的认定标准,实行特聘岗位制度后,就变成了参加分行业、分领域的单项锦标赛。用人单位可根据专业特点和发展实际自主确定岗位评聘标准,不同领域可"量体裁衣"设定门槛标准、"谁用谁评价",自主评价聘用高精尖缺人才,从而更好实现引才工作与单位管理、岗位需求的紧密结合。

特聘岗位3年1个周期,同一档次岗位可持续1—4个周期。以面向青年优秀人才的D档为例,人才获聘后,可享受D档岗位奖励。聘期届满,可申请参评C档及以上岗位,如果获聘,可继续享受相应岗位奖励。深圳每年投入基础教育、卫生健康领域特聘岗位奖励经费各不低于当年奖励经费总额的20%。

(二)实施人才创新举措,吸引顶尖人才"揭榜"

在建立人才分类评价激励体系之外,深圳正在实施一系列的人才创新举措,包括建立健全科技关键技术项目悬赏制,吸引全球人才"揭榜挂帅";建立顶尖人才引进"一事一议"制度;依托重大载体平台整建制、团队式引进高精尖缺人才;支持校企联合建立实验室,靶向引进全球高精尖缺人才等。高质量发展背景下的人才竞争,将不再是人才数量的比拼,而是人才工作体制机制、人才发展、人才作用发挥、人才生态网络链条以及人才创新创业生态系统的竞争。来自深圳市人才局的最新统计数据显示,目前深圳高层次人才近2万名,留学回国人员超17万名,全市全职院士62名。而未来5年,深圳将吸引集聚100名左右杰出人才,100个左右拥有关键核心技术和自主知识产权的高层次创新创业团队,1万名以上引领经济社会高质量发展的高精尖缺人才,100万名以上各领域具有发展潜力的优秀青年人才。

(三) 优化人才引进入户条件,调整迁户渠道

一是调整人才入户政策。深圳市发改委发布《深圳市户籍迁入若干规定(征求意见稿)》。根据最新修订的情况,深圳的户籍迁入政策可划分为核准类入户、积分入户和政策性入户三个类别。核准类入户,是指从深圳市外或市内非户籍人口中根据年龄、学历、技术技能水平等条件引进人才,按规定办理入户。对于纯学历型的人才落户,最低要求由"具有普通高等教育专科及以上学历"调整为"具有国内普通高校全日制大学本科学历并具有学士学位",年龄在35周岁以下的人员。技能人才落户的条件,具有正高级专业技术资格,年龄在50周岁以下的人员;具有副高级专业技术资格,年龄在45周岁以下的人员;具有中级专业技术资格,年龄在35周岁以下的人员。上述几类人员需同时具有全日制大专及以上学历。仅拥有大专学历的人士,无法再直接经核准落户,而需要通过人才引进积分入户的渠道。

深圳市司法局官网发布了市人力资源保障局《深圳市核准类和积分类人才引进入户实施办法(征求意见稿)》(以下简称《征求意见稿》),

本次《征求意见稿》对积分类人才引进的指标和分值明细予以明确。其中基础指标包括学历、专业技术职称、技能、年龄和在深缴纳社会保险时间;加分指标包括个人纳税、发明专利和创新创业及技能竞赛;减分指标包括个人信用和违法行为。这是在《深圳市户籍迁入若干规定(征求意见稿)》基础上配套启动的人才引进政策修订。对比原综合评价分值表,修订后的积分指标和分值将更加合理,突出多元评价方向;同时突出纳税、稳定就业等个人指标权重,体现了人才贡献度、产业需求和精准引才导向。此次修订以在深缴纳社保作为稳定就业的直观体现,调整社保缴纳积分方式,由原来的缴纳养老保险每年3分、其他险种每年1分,改为每险种1个月0.05分,上限封顶45分。同时,相较以往只有技能竞赛可以加分,本次增加了创新创业大赛加分项,与技能竞赛分值相当,以进一步鼓励创新创业,激发人才活力。

二是优化人才引进操作方式。积分类人才引进入户将以"积分排名"方式,按申请人积分总值从高到低进行排序,在当年度下达的专项计划安排额度内确定入户人员。此举将较好地兼顾科学性与公平性,确保人才引进政策更开放、更有效。本次修订后,深圳市人才引进的相关政策也将进一步整合,原实施的《深圳市人才引进实施办法》《深圳市人才引进综合评价分值表》《深圳市接收普通高校应届毕业生实施办法》《深圳市留学回国人员引进实施办法》等4个规范性文件将整合为1个,即《深圳市核准类和积分类人才引进及入户实施办法》,涵盖国内人才和留学回国人员,人才引进政策更具整体性和系统性。

三是人才认定工作转由用人单位承担。深圳人社局发布《关于高层次人才业务、新引进人才租房和生活补贴业务相关安排的公告》,对2021年9月1日及之后新引进人才不再受理发放租房和生活补贴。与此同时,对2021年9月1日及之后新引进入户并在深圳全职工作的35

第五章 长三角地区主要城市及深圳的人才政策创新举措及启示

岁以下的博士另行制定生活补贴政策。上述公告提出,2021年9月1日0时起,高层次人才业务(指"高层次专业人才认定""海外高层次人才确认""学术研修津贴"等三项业务)停止申报,并不意味着将取消对高层次人才的奖励补贴,而是人才认定等工作不再由人社局承担,改由用人单位承担。

四是投资纳税迁户审核方式将由审批制改为积分核准制。6月1日,深圳市公安局发布《深圳市投资纳税积分入户办法(征求意见稿)》(以下简称《办法(征求意见稿)》)公开征求社会公众意见,投资纳税迁户审核方式将由审批制改为积分核准制。《办法(征求意见稿)》中指出,投资纳税积分入户是指对持有深圳经济特区居住证且在深圳依法注册的企业法定代表人、自然人股东、合伙企业出资(合伙)人、个人独资企业主、个体工商户业主及就业个人,按照积分制要求进行积分,依照分值排序,在年度计划安排额度内审批入户。

八、若干启示

人才是一个城市的核心竞争力之一,培养好、引进好人才是一个城市保持竞争优势的重要前提。长三角各城市以及深圳立足于本地区发展需要不断出台重磅引才政策,在推动地区人才发展的同时给各地人才工作带来了一些启示。

(一)人才政策均衡发力,引才同时要重视现有人才队伍的稳定

一般而言,人才工作的重点放在前期的人才引进上,主要通过为人才提供生活、工作保障来吸引人才,却容易忽略后期如何留住人才,如何发挥人才的最大价值,如何让人才支撑经济社会发展。没有后期的支撑,前期的引进投入只会变成"沉没成本",对城市长期性的科技研究

和产业发展都会产生负面影响。在全国"人才争夺战"日益激烈的当下,城市之间的人才竞争不可避免地导致了人才区域间流动的现象。合肥在大力引进外地高层次人才的同时,没有忽视现有的市内各高新技术企业、高等院校、研究院等地的高层次人才队伍在城市发展中起到的重要作用。针对各种高层次人才,制定符合其发展的专业规划,规范完善人才引进相关程序,采取多元化的激励政策,加大扶持补贴。让现有的高层次人才更愿意留在合肥发展,从而避免优秀的高层次人才流往其他地区,为城市经济增长、科技进步、综合实力提升做出贡献。此次出台的《若干政策》重点突出稳岗安居,围绕企业和人才高度关注的稳岗引才、就业安居等实际问题,坚持"只有能安居,才能稳就业"的理念,务实提出了五条有针对性的举措,既为重点产业企业高层次人才创新创业提供政策支持,也为高校毕业生来合肥工作提供安居保障,让他们边安居、边就业。对于一个地方经济发展而言,吸引人才推动人才的流动固然重要,但是维持现有人才队伍的稳定,为其提供安居的保障措施,让其能安心干事业才能更好地发挥人才的作用。[①]

(二)布局高等教育资源,注重发挥地方高校在人才引进和竞争中的功用

在各地人才竞争浪潮中,地方高校不仅是各类高级专门人才的"培育者"和"输送者",而且是各类高端人才的"吸纳者"。人才政策不仅是一个政治性质的行动,而且是高等教育人才培养的"指示牌"。在目前的人才市场中,国内应届毕业生虽然不占据有利的地位和充足的资源,但作为潜在的人力资源受到各地欢迎。另一方面,地方高校是地方人

[①] 李永乐、田雄:《城市政府"引才大战"的政策逻辑与现实反思》,《中州学刊》2019年第4期。

第五章　长三角地区主要城市及深圳的人才政策创新举措及启示

才竞争的主体,是汇聚高端人才的"引力源"。地方各类各层次教育水平和环境是高端人才择业和流动的重要考虑因素之一,地方高等教育机构的发展水平和办学质量亦受高端人才的关注。某种意义上,一流高校势必具有一流人才的竞争力,拥有一流高校的地方势必具有一流的人才竞争力。在新一轮城市竞逐中,对于科创资源和人才的竞争,成为比拼发展实力的关键一招。南京依托其丰富的科教人才资源,推动"百校对接计划",开启招才引智新模式,与面向"生根出访"的海外计划,共同构成南京对外吸纳科技创新资源的两大机制。

(三) 利用区域人才的"溢出"效应积极融入长三角,推动人才一体化发展

在长三角一体化上升为国家战略后,区域间资金、技术等创新要素加快流动。因严格的地域、户籍、身份和人事关系等限制,人才难以在区域内实现自由流动,在一定程度上限制了人才的发展,造成人才资源的极大浪费。另一方面,上海由于人才准入门槛较高、竞争压力较大,导致呈现人才向江苏和浙江流动的迹象,逐渐成为长三角人才关联网络的"溢出板块",尤其与江苏省的人才关联最紧密,这主要是长久以来上海和江苏两地的产业发展呈现互补形式。在沪苏同城化、长三角一体化等新语境下,苏州人才政策紧扣发展战略,探索建立新时代"星期天工程师"制度,对推进人才一体化发展、参与G60科创走廊人才合作等提出要求。杭州依托区位优势建立长三角人才杭州枢纽,以"立足杭州、辐射浙江、融入长三角、服务全中国"为目标,挖掘和利用杭州东站交通枢纽在长三角一体化发展中的独特作用,依托杭州在数字经济等产业人才方面的集聚优势,将人才团队与产业集群、人才转化与经济转型联系起来,高站位高起点打造集窗口展示、双创孵化、人才引育、服务

赋能于一体的国内一流枢纽型人才创新创业服务综合体,成为长三角高端人才产业项目资源的流入地、中小企业转型外拓的加速站。

(四) 合理利用人才落户政策工具,推动差异化的人才捕获

当前"人才争夺战"的一个共同特点是这些城市都把城市户籍以及附属于户籍中的一系列福利待遇作为吸引人才的政策工具。不同行政级别的城市利用差异化的落户政策作为"捕获人才"的手段以提升城市竞争力。在差异化落户政策与城市等级体系下,人口流动与定居偏好很大程度上是基于争夺公共资源的流动。不同级别的城市户籍所隐含的公共福利质量,包括医疗、教育、就业、社会保障等方面成为流动人口向大城市移动的主要原因,从而形成"大城市偏好",大城市以及超大城市在公共资源方面的垄断性与优势已经成为其吸引人才的一个主要优势。

随着第七次全国人口普查结果揭晓,不少重点城市接近规划人口"上限",迅速有城市调整了户籍及人才政策,这或是深圳此番收紧落户政策的主要背景。北京和上海落户门槛一直都没怎么松绑,且还在抽疏中心城区人口,未来人口政策可能仍旧趋紧,只会在郊区进行一定松绑或是不再来者必应,而是以高学历群体作为主要落户对象。包括杭州、苏州等在内的新一线城市,对比2010年新增人口均超过了200万人。如果以各地国土空间规划中2035年人口目标作为依据,一些城市可能希望人口增速有所放缓,从而一定程度收紧户籍制度,新一线城市的户籍、人口政策并不会"一刀切",而更可能是"分城施策",如杭州放宽了对"非全日制研究生"的落户条件等。

随着长三角一体化国家战略的推进,长三角城市有望吸引更多人口流入,尤其是在创新导向下,杭州、南京、苏锡常等城市群之间的人才

小范围流动与竞争,为区域内的整体人力资本提升带来收益;各地可充分利用这种区域人才集聚和流动的溢出效应,通过与重点城市实行差异化的人才落户政策,吸引更多的人才流入。

(五)推动人才分类及评价的市场化改革,充分保障和落实用人单位自主权

市场化是一直是深圳、上海等地始终充满活力的奥秘所在。"市场"不仅决定着生产资料和创新要素的配置,更给来自五湖四海的人才提供了公平、开放的竞争空间和环境。破除"唯论文、唯职称、唯学历、唯奖项",突出用人主体作用和市场激励导向,重构人才分类评价激励体系,不再向人才发放"帽子",由"以帽取人"转为"以岗择人",由支持"帽子"转为支持"岗位",去掉"帽子"逻辑,突出市场认可、市场评价,以人才市场价值、经济贡献为主要评价标准,赋予用人主体更大自主权,实现"谁用谁评价、谁用谁管理",最大限度地激发人才的能动性。

(六)实施政策引才同时,注重打造高质化的创新创业人才生态系统,通过环境和文化聚才增强人才黏性

当前在推动高质量发展和创新驱动发展的大背景下,全国各地人才竞争日趋激烈,人才政策和人才投入比拼白热化。对不同区域而言,如何跳出单纯依靠优惠政策比拼和同质化竞争争夺人才的不良循环,形成具有竞争力的创新创业人才"吸引力"和"能动场",是区域人才发展的一个核心问题,也是新的战略发展背景下推进创新人才工作的重要取向。从长三角各城市人才高地建设和发展的实践来看,人才创新创业创造生态系统是一个区域高质量人才发展环境的核心表征,是真正能够吸引人才、集聚人才、发展人才的关键。在地方层面,要结合自

身区位优势、独特禀赋、资源积累、环境特点,打造人才链、创新链、产业链等三链结合的区域人才发展治理特色形态,即特色型人才创新创业生态系统,以提升区域人力资本、社会资本的生态构造能力和区域涵养能力。

上海、深圳和杭州等作为中国经济发展和人才竞争的高地,在招才引智方面日益呈现出某些规律性特征。空气质量、绿化环境等城市生态,房价房租、消费水平等生活成本,医疗教育资源的供给情况,交通和治安状况,经济的发达程度与收入水平,以及市场机制、知识产权保护、融资渠道和人力资源等,都是能否吸引人才创新创业的重要因素。同时,依靠物质条件吸引人才的模式很难持续,相比单纯的"政策引才"的短平快,"环境和文化聚才"更具长期性,人才黏性也更强。"环境、文化聚才"是一种软实力,不仅对一座城市的人才体制机制提出了更高的要求,也会对优秀人才产生更持久的吸引力和归属感。教育和医疗是宁波的两大短板,城市在打造人才生态时,一定要充分发挥已有的资本生态、政务生态和产业生态优势,同时补足教育、医疗等领域的不足。

执笔:陈程(上海社会科学院信息研究所)

第六章　长三角地区国家级开发区人才发展案例

改革开放以来,各类开发区作为我国实施改革开放的重要载体,在建立与国际接轨的发展模式、经济管理体制,积极利用国际资金技术和加快对外开放过程中发挥了重要作用。特别是在中国加入WTO之后,面对新的经济环境,开发区在建设我国新型社会主义市场经济体制和发展高新技术产业方面,取得显著成效。国家级经济技术开发区和高新技术产业开发区等是开发区中最具集聚力的热点区域。[①] 目前,长三角地区集聚着148家国家级园区(包括国家级经济技术开发区、国家级高新技术产业开发区、自贸区等)、350多家省级园区,地市级及以下各类园区的数量更是庞大,三省一市所有园区数量超过2.5万家。

近年来,科创空间的演变出现新的趋势,创新研发功能在空间上产生集群效应,园区配套的城市公共服务功能不断完善,各类产业园区、科技园区和经济技术开发区等逐步转型成为"科技创新城区"。在这一过程中,人才对科技创新城区发展起着直接激发的作用。一方面,人才是科技研发创新的核心动力,能够推进原始创新、技术发展和产业转化;另一方面,人才也为企业技术创新提供了人力资本的支持。创新要素吸引人才聚集的同时,人才也形塑了创新城区的定位和趋势,二者之

---

① 《2018中国产业园区持续发展蓝皮书》在沪发布,http://www.ce.cn/xwzx/gnsz/gdxw/201812/04/t20181204_30945580.shtml。

间是相互追随、循环累积的关系。在人才驱动的视角下,科技创新城区的规划必须直接呼应人才发展的要求,为特定类型的人才聚集营造适宜的城市环境,塑造具有吸引力的人才氛围,才能使创新城区和人才发展形成正向循环,进一步提高科技创新的整体实力。作为高新产业和高层次人才的集聚地,上海张江高新技术产业开发区、苏州工业园、杭州(滨江)高新技术开发区和合肥高新技术开发区等国家级开发区依据园区发展特色,在人才的引育留用等方面积累了丰富的实践经验和人才工作的创新案例。

一、上海:张江国家自主创新示范区

1999年,上海市委市政府正式提出实施"聚焦张江"战略。2011年1月,国务院批复同意上海依托张江高新技术产业开发区建设张江国家自主创新示范区,授予了上海创新发展的"金字招牌"。目前,张江示范区形成了"1区22园"的发展格局,分布在全市16个行政区,总面积约531平方千米,是高新技术产业集聚和创新联动发展的重要承载区,已经成为上海提升产业新方向带动能力的"张江品牌"。在创新驱动的时代,上海张江国家自主创新示范区凭借几十年历史的积淀,把中国高新技术产业放在纵向历史与横向世界的交叉点上,让人才成为高科技园区的核心竞争优势,开启张江示范区发展的"核心动力源"。

在张江国家自主创新示范区,与美国硅谷、韩国首尔、德国汉堡等地建立"全球连锁"孵化培育体系,打破国界束缚,创业者足不出户就能利用全球创新要素;以民营企业为主体,与全球23家行业协会、服务机构及大学建立合作关系,在西雅图、不莱梅、新加坡等地设立海外人才预孵化基地;包括7个创新服务平台的首个海外基地张江示范区波士顿园也已启动建设。经过多年酝酿积累,中国国家外国专家局与上海市政府于2016年签署合作备忘录,提出了23项创新举措,持续推进张江国家自主创新示范区建设国际人才试验区。[①]

为建设具有国际影响力的科创服务中心,张江示范区坚持先做减法,再做加法。无论是引进来,还是走出去,政府坚持用开放、包容的心态,在市场能够发挥效应的领域充分发挥市场的自由度,同时做好政府的引领和指导。从人才引进到人才服务,不断推动创新。

(一)以世界级平台吸引高端人才,推动重点产业转型升级

建设发展20多年的上海市张江高新区,不仅仅是企业家、投资者的"乐园",作为张江综合性国家科学中心的重要承载区,更以世界级的科学设施和平台吸引海内外高端人才,逐渐成为科学家云集、吸附众多重大基础科研项目的高地。围绕张江综合性国家科学中心建设,引进一批国际顶尖人才,鼓励外国高层次人才到张江示范区开展研发合作、项目聘用、考察讲学等活动,在张江建立引智示范基地,承接引智项目并完善配套服务,这些政策利好吸引了众多海内外人才纷至沓来,其中不乏诺贝尔奖得主。

鉴于干细胞研究领域的前沿性、前瞻性及战略性,张江示范区审时度势,在国家干细胞政策未明的大背景下,力排众议,联合同济大学及附属东方医院、中科院和联兆公司成立了张江示范区干细胞转化医学产业基地,布局干细胞产业,筑起高端的科研平台。干细胞产业基地吸引了百余位全世界干细胞领域优秀人才,其中包括院士2名、长江学者5名、中央千人计划教授5名、"973"首席科学家11名、"863"首席科学家2名等众多国家级干细胞领域顶级专家。以外聘专家形式聘用了18

[①] 刘禹:《上海张江示范区:创新驱动,构造人才生态的"地心引力"》,《科技日报》2017年11月27日。

位长江学者,依托同济大学全职引进了10位中央青年千人计划人才与一大批优秀青年才俊。干细胞转化医学产业基地项目中人才预算近8000万元,占政府资金支持的80%。

目前,张江示范区在量子通信、干细胞、太赫兹、大数据等11个重大项目上集聚国内外院士、领军人才400余人。从产业来看,集中在生物医药、集成电路、软件三大主导产业的人员超过50%,其中不乏一批国内外高端人才。以干细胞、量子通信、医学大数据、先进传感器等重大项目为载体,即使是诺贝尔奖级别的全球高端科研人员也无法抵挡这样的"诱惑"。

(二) 推动"海外预孵化+国际孵化器+基金"的新型引智模式

作为具有国际影响力的大都市,上海已经创建了良好的创业生态系统,积聚了大量的创投资本,汇集了顶尖的金融服务业和完善的法务支持系统,完全有能力成为全球创业者发挥才智的舞台。当前的关键在于引流资源落地,打造链接全球创新网络的关键枢纽。张江示范区运用"海外预孵化+国际孵化器+基金"的模式,加大力度挖掘海内外拔尖人才,布局具有前瞻性、颠覆性的前沿技术和高端项目,成为张江示范区加快建设具有全球影响力的科技创新中心、吸纳延揽国际拔尖领军人才的一种创新。近年来,随着上海创业生态的日益完备,越来越多的海外人才希望回到国内大展拳脚,但对国内的环境和市场不了解,难免"水土不服",而预孵化则给了这些人一个过渡和热身的平台,为海外高层次科技创新领域人才提供国内相关政策、知识产权、技术、投资对接等全方位的前置服务。[1]

---

[1] 参见毛军权:《张江国家自主创新示范区人才资源发展与政策创新研究》,复旦大学出版社2020年版。

2015年9月,张江示范区依托上海敬元公司启动了海外人才预孵化基地专项,先后在18个国家和地区设立了海外人才预孵化基地,实施人才、技术和资本"三位一体"的整合及先期孵化。敬元自主开发了基于专利文献的大数据挖掘技术,能够根据企业需求为其筛选出该技术领域最突出、最对口的知识产权拥有人名单。企业在确认这份潜在的揽才清单后,再通过敬元全球联络点找到该人才。截至目前,挂牌的有8家,海外合作机构47家,2016年底,基地已引进人才团队32个,落地的项目18个,储备人才2 500人,储备项目660个。

通过海外预孵化提供一站式、个性化的解决方案,帮助海外人才完善创业团队或创业项目,提高海外人才、技术、项目和企业落户上海发展的成功率;对于那些暂时无意回国发展的海外人才,主要是依托海外预孵化基地,在全世界寻找技术骨干,招募海外人才队伍。这种灵活的操作模式,在"引智"的同时催生出新的知识服务业态,使得上海的科创生态更加多元,国际化和开放程度更高。同时,依托张江波士顿园等在海外设立的人才预孵化基地,健全人才、技术、项目、资本一体化的合作、孵化和引进机制。2016年,上海市张江高新技术产业开发区管委会与美中合作发展委员会达成战略合作,在波士顿建立了实体化园区,大胆创新建设模式。上海张江波士顿企业园是我国率先采用政府指导、社会组织协调、企业市场化运作机制的海外科技园区项目。以波士顿园区为实体起点,与全球各国的线上合作也即将推出。今后,张江还将创新人才引进方式,重点引进新兴产业细分领域的海外高层次人才,推进海外人才离岸创业基地建设。

(三) 先行先试平台,疏通外国人才引进制度中的"堵点""痛点"

从"一区六园"到"国家自主创新示范区",张江立足"聚天下英才而用之",围绕经济社会发展需求,大力引进外国高层次人才和急需紧缺人才,引进外国人才工作体制机制,先行先试。2016年10月13日,国家外国专家局与上海市人民政府签署合作备忘录,提出了23项新举措,共同推进张江示范区建设国际人才试验区。新举措包括开展创新政策的先行先试、建立健全国际化运行机制、建立健全外国人才管理服务机制和探索实施市场化用人机制四个方面。试验区以张江示范区和上海自贸试验区的"双自联动"为基础,在人才引进培养、股权激励、成果转化、创业孵化、创业融资等方面先行先试,力争到2020年初步形成具有全球影响力的"国际人才自由港",成为对外开放程度最高、拥有较强全球资源配置能力的国际化人才高地。

人才出入境、就业许可和执业资格等方面的种种限制都制约了外国人才在上海集聚和发挥作用。公安部为支持上海科创中心建设,在此前"十二条"的基础上,为高端外籍人才引入颁布了"新十条"的便民政策,其中有四条是针对张江示范区"量身定制"。在外籍人才申请永久居留方面,"新十条"对符合认定标准的外籍高层次人才,经张江高新技术产业开发区管委会推荐,并凭管委会推荐函直接向出入境管理局申请永久居留。审批时间从原来的6个月缩短为50个工作日。在张江示范区工作满4年的,也可以申请永久居留,对其学历、职务或工资方面也不再有要求。

从2017年5月开始受理外籍人才永久居留推荐和证明工作至今,张江示范区已受理推荐高层次人才和证明外籍华人永久居留申请48人。其中,外籍高层次人才30人,外籍华人18人,并为华东理工大学和上海科技大学2名诺贝尔奖获得者出具永久居留推荐函。同时,市场化申请永久居留的推出,对吸引海外高层次人才发挥了立竿见影的作用。从2015年7月推出支持科创中心建设12项出入境政策措施至

2016年底，上海通过市场化渠道申请永久居留的外籍高层次人才351人，较新政实施前各类外籍人才申请环比增加4倍多，留住了一批科技创新中心建设急需的海外高层次人才。

在张江每个分园都设有为海外人才办理出入境、就业、工作类居留许可等事宜的便利化服务点；外国专家证和外国人就业证"两证整合"工作试点已在核心园实施；外籍人才申请"中国绿卡"门槛进一步降低；上海高校毕业的外国留学生在"双自联动"地区直接就业学历要求从硕士放宽到本科；持有"中国绿卡"外籍人才可直接申办上海市海外人才居住证；允许外籍高层次人才聘雇外籍家政服务人员；专家劳务费不设上限；重大项目经费管理实行事前框架预算加事后经费决算相结合的管理制度。从"人才20条"到"人才30条"，从"十二条"到"新十条"，张江示范区成为承接政策创新、推进简政放权、突出市场导向的先行先试平台，通过不断推进落实"人才新政"，建立更加开放的人才集聚机制，为科技创新中心建设提供坚强的人才保障和智力支撑。

(四)"小政府、大社会"的改革思路探索新型社会化的人才服务模式

张江示范区一区22园，124个园中园，531平方千米，如此庞大的体量，仅有一个在编仅30人左右的微型管委会。秉持着"小政府、大社会"的改革思路，通过进一步简政放权，让试点单位突破原有的体制内服务平台模式，突出市场对资源配置的决定作用，形成"政府引导＋市场化运作"的平台建设模式。不增设管理机构，不直接参与具体事务，管委会通过加强规划引导、政策创新、协调服务等方式，为各园区输送持续的动能，指导区域建设。各类型的创新服务平台和专业化服务机构在张江示范区内打造了"不占土地、没有土建"的创新生态"基础工程"。

通过试点探索新型服务模式,引导社会各类优质资源为示范区服务。

张江示范区已经成为国内外创新创业人才的主要汇聚地,但科研和管理复合型人才数量短缺的问题仍很突出,导致科研体系与产业体系之间衔接不顺畅,合作成功率不高。以生物医药产业为例,上海约10万从业人员中具备一定专业技术水平的技能型人才不足1万人,在张江示范区专业从事生物医药技术研发创新的技能型人才仅有数千人。

产学研联合实验室、重点领域人才实训基地和人才服务平台,首次充分授予社会运营机构参与园区服务和管理。在开放创新的示范区人才平台上,一批批人才创新的国际化效率逐日提升。目前,张江示范区已初步形成"1+3"的人才管理服务网络体系,试点平台已达52个,其中人才服务平台15个、重点领域人才实训基地14个、人才培养产学研联合实验室23个,全部由民营企业或社团组织承建,构成了社会化的人才服务体系。

在张江示范区,市区协调联动、错位互补的人才政策,全方位多角度的支持体系,为人才提供了发展沃土。自2015年以来,共有11个委办局与张江高新技术产业开发区管委会协同开展人才政策制度创新的先行先试。张江示范区与上海市经信委开展重点领域人才实训基地建设试点,充分利用跨国公司等龙头企业的国际资源,建立了四批共14个重点领域人才实训基地,开展面向产业链的人才培养和输送。此外,知识产权服务平台、企业专利联盟、科技融资服务平台和科技中介服务平台等建设成果也相继落地,共同构成了张江示范区的良好生态,编织了一张巨大的人才服务网络。上海正着力加快建设具有全球影响力的科技创新中心,张江示范区作为核心载体,汇聚了国内外高端创新资源,建立了七大产业功能集聚区,有基础、有条件,更有责任在新一轮国际合作中发挥重大作用。

二、江苏：苏州工业园

苏州工业园区（Suzhou Industrial Park,SIP），全称中国-新加坡苏州工业园区（China-Singapore Suzhou Industrial Park），是苏州市所辖的国家级经济技术开发区和县级行政管理区。该工业园区是中华人民共和国和新加坡两国政府间重要的国际合作项目，开创了中外经济技术互利合作的新形式。苏州工业园区也是苏州经济的增长极，是苏州市的商业、金融中心以及未来的城市中心。1992年，苏州高新技术产业园区（以下简称"苏州高新区"）被国务院批准为国家级高新技术产业开发区。在开发建设中，苏州高新区始终坚持"招商引技"与"招才引智"相融合。[①]

在商务部最新公布的国家级开发区综合发展水平评价中苏州工业园区蝉联第一，实现三连冠并跻身建设世界一流高科技园区行列。迈入创新驱动发展阶段的苏州工业园区围绕产业链、创新链、人才链、生态链，全力打造"全链条式"人才开发体系，以最优的发展机遇、最好的创新创业支持、最广的发展平台载体、最便捷最有温度的发展环境，吸引人才、集聚人才、留住人才、发展人才，打造具有竞争优势的创新创业人才集聚高地，为引领园区的创新发展增添强有力的动力源泉。

（一）围绕产业链，坚持人才与产业对接

在园区初创的早期，以加工贸易为代表的制造业和外向型经济对人才特别是高层次人才、紧缺人才的需求并不迫切。但进入创新发展阶段，新旧动能加快转换，战略性新兴产业和现代服务业成为发展主

---

① 《苏州工业园区一站式服务中心》，http://www.sipac.gov.cn/dept/xzspj/zwgk/zxjs/201810/t20181008_824444.htm。

导,因此越来越依赖于人才力量和人才创新创业活力激情的迸发。在此背景下,园区紧紧围绕产业不断进行人才政策创新,大力引进和培养各类高素质人才,聚焦创新不断突出人才举措,积极培育扶持创新创业人才。

2007年,园区提出了"科技领军人才创业工程",2011年开始实施"金鸡湖双百人才"评选,此后,园区又提出了《关于苏州工业园区吸引高层次和紧缺人才的优惠政策意见》,形成由1个人才计划(金鸡湖双百人才计划)和1个人才优惠政策(人才优惠政策意见)组成的"1+1"人才政策体系,研究制定国家万人计划配套政策和国际化人才示范区相关政策,抓紧落实金鸡湖双百人才补贴、薪酬补贴、紧缺高层次人才安家补贴、购房补贴、高层次人才体检补贴、重点高校学生企业实习补贴等一系列补贴,给予设立了"人才工作突出贡献奖"。

一系列的人才政策新举措,增强了园区在电子信息、先进装备等高端制造业、纳米技术应用、生物医药、云计算等战略性新兴产业以及金融服务、服务外包、商贸服务、电子商务等现代服务业领域引才聚才的实力、底气和本领,一批国际领军人才和创新创业团队,一批一流的科学家工程师和企业家队伍,一批具有重要发展前景的高素质创业人才,一批提供高质量金融服务、外包服务、商贸服务、"互联网+"服务以及咨询、法律、会计、知识产权、人力资源等现代生产生活服务业骨干人才,不断向园区靠拢。

2020年,园区又出台《关于加快集聚高端和急需人才的若干意见》(简称"人才新政30条"),人才引进力度再次升级。在企业引才方面,鼓励园区重点新兴产业设立企业冠名奖学金,对实习毕业生发放实习补贴,园区企业通过猎头招聘年收入在30万元以上的高层次人才和紧缺人才可申请招聘补贴,此外还发放柔性引才补贴、金鸡湖伙伴计划补贴。人力资源机构方面,对引进国内外一流人力资源服务的区域总部机构,最高可给予500万元落户奖励。在外国人才引进方面,园区放宽专业外国人才引进条件,对符合条件的可一次性给予2年工作许可,对入选"金鸡湖人才计划"的高端外国人才一次性给予5年工作许可,同时鼓励外国人才创新创业,对信用优质单位开通绿色通道,对符合条件的外籍高层次人才开通永久居留受理窗口,为园区在新一轮发展积蓄了力量、增强了动力。

(二)围绕创新链,坚持人才、项目与资金对接

资金是人才创新创业的主要瓶颈,缺少资金,项目就难以转化。为有效解决人才创新创业过程中的融资难、融资贵问题,近年来,园区完善创新创业人才扶持机制,强化人才工作与科技金融工作的协同,以金融推动项目,以项目集聚人才,以人才引领产业,探索和实践围绕创新链不同阶段、有效应对人才创新创业各阶段需求的"人才、项目、金融"三结合的人才创新创业扶持体系。

在积极拓展间接融资方面,园区鼓励金融机构加大科技型中小企业信贷支持,设立了全国首个科技型中小企业统贷平台、全国首家小企业信贷专营机构、江苏省首家科技小贷公司、苏州市首家科技支行,鼓励做大统贷平台业务,鼓励保险和担保支持科技企业融资,形成了涵盖孵化期—初创期—成长期—扩张期—成熟期全过程的投融资体系,鼓励建立科技支行、科技小额贷款公司。

在直接融资方面,园区支持拓宽企业股权融资渠道,推动企业上市融资,鼓励企业发行债权融资产品,加快建设产权交易市场。同时,为集聚创投机构,园区建设了东沙湖股权投资中心,通过发挥国创母基金引领带动作用,设立了3 000万元的风险补偿资金池和3.5亿元的创投

引导基金,吸引各类创投机构入驻,构筑了较为完善的资金扶持体系。2011年7月,该中心被中央组织部授牌为中国创业人才投资中心。截至2020年3月底,东沙湖股权投资中心已入驻私募基金管理团队182家,设立基金308只,集聚资金规模超过2 100亿元,备案创投企业数量占江苏省1/4,已累计为400多家企业提供创投资本;国家重点人才计划创投中心已为全国40多名国家级人才提供了创投资本,加快了创业项目的孵化成长。

在创新创业财政扶持方面,园区根据项目所处不同发展阶段,按创业领军人才项目(重大领军、领军、成长、孵化)和创新领军人才项目等类别,分别给予创业启动资金、创业股权投资、创业跟进投资、项目融资贷款、统贷平台支持、项目贷款贴息、项目资助配套、研发用房补贴、免租住房补贴、销售收入奖励、总部搬迁奖励、购买住房补贴、人才薪酬补贴、项目土地安置、产业化成长奖励、研发经费补助、知识产权奖励、科技金融引导等政策支持,最高可给予5 000万元补贴资助,顶尖人才补贴金额上不封顶。对特别重大的人才项目,将采取一事一议,量身定制扶持政策。此外,园区还积极改善科技投融资环境,建立科技金融协调机制,推动企业信用体系建设,搭建科技金融服务平台,积极发展中介服务市场,促进政产融研合作,为人才创新创业提供融资助力,顺利跨过创业发展的"达尔文海"。

(三) 围绕人才链,坚持筑巢与引凤并举

载体平台是人才创新创业的必要条件,没有载体平台,人才就难以扎根发展。为此,园区围绕人才成长发展,坚持筑巢与引凤并举,大力建设人才发展载体平台,让载体平台成为人才成长发展的重要空间。

在创新载体建设方面,园区引进了国家级科研机构——中科院苏州纳米所,高标准建设了国际科技园、创意产业园、生物纳米园、苏州纳米城等一大批载体和20多个公共技术服务平台,拥有"国家纳米高新技术产业化基地"等国家级创新基地20个,为人才创新创业营造了良好条件。同时,园区还注重加快引进国家级研究平台、国家级重大项目、国家高新技术企业以及跨国公司500强区域总部、共享中心、研发中心等高层次人才承载载体,为有效吸引高层次人才在园区集聚提供重要支撑。

在创业孵化载体建设方面,园区以独墅湖科教创新区为主阵地,以专业化的载体平台为依托,高标准建设了苏州国际科技园、创意产业园、生物纳米园、中新生态科技城等一大批创新创业载体达300多万平方米,形成了国家电子信息产业基地、纳米技术国际创新园等十大国家级创新基地,有效集聚了一批高层次的创新创业人才。[1]

在产业联盟和人才联盟方面,加快推进产业技术联盟建设,形成产学研用相结合的协同创新队伍,积极承接国家科技重大专项和国家科技计划项目,研发形成国际领先的科技成果并实现产业化。推动纳米技术、融合通信产业联盟认定为国家级产业技术创新联盟,加速推动小核酸联盟、光电通信联盟、软件协会、动漫游戏协会等建设,进一步提高技术创新的深度和广度,使更多企业人才加入辅助性创新、补充性创新、相关性创新的行列。

在产学研协同平台建设方面,园区以"1+3+X"产业发展为核心,以强化中新合作为基础,利用园区开放创新综合试验契机,宽领域、多渠道、全方位构建一系列产业要素集聚平台、协同创新平台、技术研发平台、产业项目对接平台、大数据人才服务平台,同时积极推动以成熟

---

[1] 《苏州工业园区变身创新园区》,《人民日报》2017年10月25日。

企业为龙头、以中小企业为主体、以产业技术联盟为枢纽,搭建人才融合发展平台,优化产业人才生态,促进智力协作创新。依托区域高校、院所、企业密集优势,以科技资本和知识产权为纽带,推动产学研用平台发展壮大,健全人才、项目对接机制。实施园区协同创新工程,加快建设一批海外研发中心、卓越创新中心,进一步推动公共技术服务平台、技术转移中心、新型产业研究院、"民办公助"及"国有新制"等新型科研机构建设,细化人才创新创业路线图。着力打造独墅湖科教创园区"发展极",促进创新成果就近落地转化,培育新型智力成果产出增长点。

在服务平台建设方面,2009年底,园区成立中小企业服务中心,该中心还增挂"高层次人才创新创业服务中心"牌子,形成以中小企业服务中心为龙头,覆盖各载体的创新创业人才服务系统,不同职能部门按照"充分授权、简化流程、高效服务"的要求,将金融服务、户口迁移、家属及子女落户、外国人就业证办理、外国专家证办理、各类项目申报、海关通关手续等人才服务项目下放到中小企业服务中心,为高层次人才在创业辅导、融资担保、知识产权保护、项目申报、子女入学等方面提供一站式服务,创新创业人才在园区办事更加便捷、更加高效。2019年,园区又调整成立了高层次和国际人才服务中心,2020年园区试点人才服务"一卡通"。现在,人才可以通过"线上+线下"的精准服务体系,实现人才创新创业各类事项"一网受理、只跑一次、一次办成",可以持有"金鸡湖人才卡",在服务清单范围内享受"绿色通道"服务。

(四)围绕生态链,注重亲商与亲才并举

环境是吸引人才的最大抓手,没有良好的环境,就难以吸引到高端人才。在人才竞争日益激烈的整体格局下,是否能够打造对人才友好、对人才亲近的环境氛围,是赢得发展的关键。因此,近年来,着眼于创新发展的要求,注重亲商与亲才并举,大力发展宜居宜业发展环境,成为园区人才发展的重要内容之一。

在安居环境方面,园区秉持"绿色生活、智慧发展"理念,建设国际化、高标准的工作生活服务设施,大力推进园区"三网、三库、三通、九枢纽"智慧城市建设和智慧城市运营体系,打造国际一流的人居环境和城市风貌。在解决青年人才住房保障方面,园区在国内首创人才优租房模式,积极推进青年公寓、软件公寓、打工楼等适应各级各类人才需求的租房体系,加快新建优租房选址工作,由部分区域覆盖向全区域覆盖,提供更有力的人才住房保障。2007年以来,园区新建、改建优租房小区9个,累计建筑面积达85万平方米、近9000套房源、超过1.9万人的安置规模,园区房租价格保持同类房屋市场租金的60%—80%,缓解了新进人员的住房难题。与此同时,面对高层次人才对安居的要求,园区进一步提升高层次人才公寓的质量,为院士、高层次专家和产业领军人才提供一流的居住场所和生活环境,还对顶尖人才、领军人才、博士后等分别给予最高500万元、200万元、30万元的住房补贴。对符合条件的重点科技领军人才和重大招商项目引进人才,优先提供定向定价方式销售的人才组屋。此外,园区围绕各类人才"安居"密切相关的子女入学、家属就业、户口迁移、出入境管理等方面需求,积极开设绿色通道,解决优秀人才后顾之忧,形成了优良的服务环境。[①]

在社会文化环境方面,园区营造尊重知识、尊重人才、诚信守法、和谐友爱、开放包容的良好氛围,建设中西交融、兼容并蓄的具有开放性、

---

① 《全面创新机制,这个园区用"金融活水"浇灌科创之花》,《科技日报》2022年3月24日。

多样性、包容性、创造性的人才发展软环境。构建国际合作创新创意中心、专业服务中心和商贸消费中心,推动文化艺术、科学教育、专业组织、服务产业繁荣发展,打造工作、学习、生活一体化的大型知识社区,促进人才、组织、社区的丰富化及多元化联系。加大文化体育事业投入力度,扶持开展国际学术交流活动,定期组织各类高层次国际论坛,帮助园区人才了解国际咨讯,扩展视野;充分发挥国家首个商务旅游示范区的优势,依托金鸡湖景区、阳澄湖旅游度假区、科技文化艺术中心等文化旅游载体,活跃园区休闲娱乐文化;通过政府搭台、人才自治的博士联谊会、留学人员联谊会等高层次人才组织,广泛听取人才建言献策,营造鼓励成功、容忍失败的人才环境。

人才是第一资源。在全球化、知识化、信息化时代,人才已经成为最重要的战略性资源和最关键的创新动能。随着经济发展进入创新驱动阶段,各地对人才的需求呈现了多样化、创新化、高端化、国际化的趋势,这对人才工作也不断提出新挑战、新要求。苏州工业园区始终坚持党管人才原则和人才优先发展原则,紧紧围绕开放创新这个大局,坚持产才融合,把产业链、创新链、人才链、服务链、资金链深度融合起来,在人才链的各个环节,即从人才引进、人才培养、人才使用、人才载体、人才激励、人才保障等环节嵌入了精准施策的服务链,构建"全链条式"的人才服务体系,不仅带动了人才链建设,还带动了服务链建设,形成了一个充分体现软实力的生态链。针对科技创新策源力建设和战略性新兴产业发展中的高端人才紧缺问题,以及自身培养所面临的一些客观性瓶颈短板问题,园区更加有力地实施高端人才引领战略,启动"金鸡湖人才计划",持之以恒、不断创新,在引才投入上敢于投入,在配套政策上大胆创新,在人才服务上专业精准,逐步形成了人才工作的品牌和吸引国内外高端人才的竞争优势。特别在产才融合上,产业服务体系与人才服务体系紧密衔接,高水平的产业发展平台及其提供的事业发展机会,为引才留才提供了最有活力的竞争优势。

三、浙江:杭州(滨江)高新技术开发区

杭州高新区(滨江)承担着发展高科技、实现产业化的使命,一直坚持"产业引领,创新驱动"发展战略,坚持人才是高质量发展第一资源的理念,走出一条"人才带技术、技术变项目、项目融资金、实现产业化"的创新路径。30年来,杭州高新区(滨江)打造了一条从关键控制芯片设计研发、网络通信、电子商务到网络安全、大数据、智能制造的数字经济全产业链,形成数字化赋能各领域的滨江方案。在杭州高新区(滨江)诞生了1550余家国家高新技术企业,累计培育海康威视、网易、大华股份等上市企业63家,集聚了42万名高新企业从业人员,其中研发人员占到一半以上。2020年,杭州高新区(滨江)人均GDP超过5万美元,杭州高新区(滨江)2020年前三季度的GDP增速和两年平均增速继续保持杭州第一。

"深入实施新时代人才强国战略,加快建设世界重要人才中心和创新高地。"中央人才工作会议为新时代人才强国战略锚定了新坐标,描绘了新愿景。作为全省高质量发展的"特长生",高新区(滨江)不断构建更优人才生态,集聚创新创业人才。从2010年高新区(滨江)推出高层次人才创新创业"5050计划"以来,它已经从一项引才政策淬炼成为一个人才品牌,走出了人才带技术、技术带项目、项目融资金、实现产业化的"滨江路径",也成为"引一个人才,办一个企业、促一个产业、聚更多人才"的"高新名片"。当前,人才工作处于"十四五"开局破题的关键时刻,高新区(滨江)不断迭代政策、提高城市能级,通过数字赋能、改革破题、创新制胜,不断营造一流人才生态区,为杭州建设全球人才蓄水

池贡献"高新力量"。①

(一) 创新人才引育发展机制，打造人才协同服务网

1. 推出"5050 计划"系列，人才政策加码迭代

在人才引育发展上，杭州高新区（滨江）创新机制，推出"5050 计划"，点燃双创"人才引擎"。这是浙江最早一批面向海外高层次人才推出的创新创业扶持政策之一。10 年来，高新区不断进行政策供给侧改革，走出了"人才带技术、技术变项目、项目融资金、实现产业化"的"滨江路径"。经过 10 余年发展，"5050 计划"引进和培育企业 800 余家，孵化上市企业 6 家，企业获得各类社会投资近 100 亿元，成为人才招引的强大动力引擎。2016 年，高新区（滨江）再次创新突破，以杭州建设国家自主创新示范区为契机，实施第二轮"5050 计划"，将政策扩面至国内人才，不唯留学经历认人才。

2021 年起，"5050 计划"正式实施 3.0 版本，与前两轮相比，新政覆盖广度、扶持时间跨度和资助维度都加码提升：只要"实战"经验足，海内外硕士以上学历的人才到高新区（滨江）创新创业，将在该计划原有研发投入补贴的基础上，增加"5050"人才基金跟投，对企业初创期的扶持时间也由原来的 3—5 年延长至最长 7 年。目前，"5050 计划"已经成为高新区（滨江）"吸引人"的品牌，而"5050 计划"所代表的以人才为核心的理念，也成就了高新区（滨江）人才的吸引力。②

2. 延伸出台"5151 计划"，人才服务协同升级

2021 年，杭州高新区（滨江）延伸出台"5151 计划"，以产业协同赋能人才创新发展。"5151 计划"既是"5050 计划"政策的延续，也是服务

---

① 《滨江，龙头引领产业链 打造数字经济最强区》，《杭州日报》2019 年 9 月 12 日。
② 《权威解读"5050 计划"》，http://www.hhtz.gov.cn/art/2021/5/6/art_1229506796_3871456.html。

的升级。自2021年以来,该区已经链动平台型、链主型企业和上下游产业链资源,构建起了全方位人才创业协同工作服务网。同时,通过开发"人才机会合作图谱"数字化系统,从技术合作、平台资源、政府资源等多个维度为人才企业提供一站式、专业化的精准匹配服务。根据图谱,在线下举办了面向人工智能、生命健康等各行各业人才创业协同活动8场,惠及企业450余家,促成合作50多项。在增进企业之间互信、增强企业平台互通与资源共享方面起到巨大推动作用,逐步构建起政府、企业、平台间合作的"金字塔",赋能更多科技型创新创业企业,形成更加健康、完善的产业共赢生态。最近,高新区(滨江)又将"5151计划"的"触角"前移,深化政校企合作与高校在核心关键技术领域的人才合作,与杭州电子科技大学建立人才全面合作关系,并组织区内企业优秀科技人才参与高校学生培养。该区还积极鼓励并支持学校师生积极开展创新创业。目前,已引进师生创业项目11个,在政策支持外,还将借助"5151"合作机制为创新创业项目搭建合作交流平台。

"5050"给政策,"5151"聚资源。针对企业需要,政府搭建平台邀请企业对接合作。此外,该区还发布"5050基金""5050创业金",为人才创新提供金融"活水",构建"部门—企业—平台"协同框架,联动平台型、链主型企业和上下游产业链资源,形成完整的人才创业协同工作服务网,对人才创业发展进行再赋能。

表6-1 "5050计划"和"5051计划"及其实施成效

5050 计划	1.0 版 本	杭州高新区(滨江)在全省率先推出"5050计划",启动海外高层次人才引进计划,截至2015年底,累计拥有国家级专家64人,年销售收入超千万元的留学人员创业企业73家,超额完成目标任务
	2.0 版 本	• 变专家评审为市场评估+人才集体决策,由市场化机构根据项目的创新成果、人才成本、项目融资等情况做尽调,集体智慧决策确定资助方案

续表

5050计划	2.0版本	• 变"一评定音"为动态扶持,根据项目的发展情况,研发投入、创新成果和项目融资,给予动态、持续扶持。"5050计划"认定机制被浙江省经济体制改革领导小组认定为典型经验,全省复制推广
	3.0版本	• 覆盖范围更大,将国内有创新创业"实战"经验的硕士群体纳入"5050计划"扶持范围,统筹用好国际、国内两种人才 • 时间跨度更长,针对企业发展阶段与对应政策存在"空窗期"问题,将政策扶持期限从5年拉长至7年,鼓励企业安心发展 • 资助维度更多,在原有研发经费补贴基础上,增加"5050计划"人次基金跟投。已经获得市场融资的项目,可获得"5050基金"的跟投
	实施成效	集聚、孵化人才企业成果丰硕:引进高层次人才项目852个;入选各级人才计划143人次;入选省市领军型创新创业团队17家;获得市场风投200家,其中"5050计划"融资达80亿元;培育上市企业6家,另有11家企业列入近3年上市后备企业,诞生(准)独角兽企业38家
		推动技术创新发展:"5050计划"孵化培育出一批拥有核心技术并处于国际领先水平的创业项目,攻克一批卡脖子技术,体现硬核科技实力 • 数字领域:培育了一批涉及芯片,装备、EDA等企业,发展形势良好,部分已成为固态硬盘、智能家居等领域的隐形冠军 • 生命大健康领域:全区一类新药研发已进入临床试验阶段的企业,全部为"5050计划"企业
5051计划	主要内容	• 根据企业需求,举办人才创业协同活动,促进企业协同互助,实现合作共赢。"5050计划"官网会定期发布形式多样的活动信息,如产业平台对接会、行业交流会、行业论坛、沙龙活动等,企业可自行报名参与 • 构建"数字化平台",开通"5151供需"专区,运用算法,帮助企业精准匹配合作伙伴。企业、平台等产业主体可自主发布可提供的资源和自身所需的资源,主管部门掌握到企业供需资源情况后,将及时提供有效帮助,企业之间也可自主对接,寻找合作伙伴,形成相互帮助的良性互动

（二）创新新业态引才举措，推行人才战略专家伙伴公推制度

新兴行业、新式人才竞争日益白热化，高新区（滨江）首创"专业伯乐相才荐才"的人才战略专家伙伴公推制度，公推分为推荐项目和署名

重点推荐项目,只要是人才战略伙伴专家直推的人才项目,只要选择落户滨江,无须经过常规的认定,就可以坐上"5050计划"直通车,享受最高1 500万元资助、三年公用房全额租金补贴和三年银行贷款全额利息补贴等相关配套政策。人才战略专家伙伴公推制度是该区在优化人才评价方式、拓宽人才项目引进和选优渠道方面的大胆尝试,目前,该区已配套2亿元资金组建"战略专家伙伴直投基金"直投专家项目,计划首批利用5 000万元资金,吸引好项目"找上门",支持人才项目落地发展。

此外,滨江区还成立了HR智库联盟,首批成员由阿里巴巴、海康威视、网易、吉利等30余家重点企业CHO或HRD组成,旨在打造最具"使命感、凝聚力、生长力"的人力资源共享赋能平台,通过标杆学习、经验分享,开展前沿研究,共同推进人力资源管理的创新实践与价值提升,赋能企业创新发展,高新区(滨江)始终坚守以一流平台集聚一流的人才,集聚了一大批创新同盟,省级以上企业技术中心、研发中心达282家。拥有一大批创业导师和伙伴,集聚了各类高新产业中的领军企业和"隐形冠军",形成了热带雨林般水土丰沛的产业生态。

(三) 赋能人才服务,搭建一体化的数字平台

杭州高新区(滨江)始终以人才需求和痛点为中心,努力实现"双创一件事""生活一件事"和"安居一件事"。人才一体化平台是高新区(滨江)通过数字化改革服务人才的最新探索,一流的服务引育一流的人才,人才一体化平台聚焦发现、招引、培育、引领和服务人才五大场景、39个子场景,打通12个业务部门,构建了87个算法模型,通过数据驱动、模型分析和多跨协同,破解传统模式下如何找到人才、切实解决人

才发展瓶颈等问题,该平台为实现人才精准洞察、人才孵化精准对接、人才需求精准触达和人才服务一键办理提供了强有力的数字化支撑,赋能人才创新创业发展。

围绕"人才一件事",首创"AI审批",由"机器审"替代"人工审",让人才最快在5—10分钟就可以开办一家企业;开发"人才e达"小程序,聚焦"产学研用金、才政介美云"十大要素,设计涵盖人才计划申报、办公场地申请、工商注册、企业融资、求职招聘、上市辅导等人才创新创业全周期服务事项54项,将碎片化资源进行系统集成,打破时空限制,实现服务"一键触达、一码推送、一门办理";在全市率先上线"逍遥PASS卡",人才只需"人才e达",整合双创、安居、生活等各类资源,实现人才政策"一码推送"、人才办事"一站入口"、人才服务"一码供给",更是为人才提供了"生活一件事"的便利。

为了提高人才和企业的获得感,高新区(滨江)刀刃向内,以数字化改革逻辑进行了一场"手术",建设数字化大厅,上线"云聘会",开发"才岗智配"系统。同时,还建立了高校引才联络地图,挖掘历年全国高校数据,锁定"人才输出大户"。企业按需检索,系统即可推送相应高校生源信息,包含联系方式等,方便提前联系锁定优质高校毕业生。"才岗智配"系统上线至今,已经发布了10万多个岗位,人均单日简历投递提升400%,单日面试增加200%,双向中意率超50%。

(四) 建设"美好生活共同体",构建最优人才生态

一是为人才提供更舒心惬意的生活场景。高新区(滨江)不断提升城市能级,进行沿江区域提升改造和道路建设。同时,全面打造高品质样板社区,首批建设9个社区"美好生活共同体",提升410个"先锋滨"小区楼廊。"美好生活共同体"设有室内健身场馆、多功能会客

厅、公共阅览室、小型学术沙龙活动区等,可实现主题活动和公益服务等功能,释放城市温度,为人才提供贴心周到的安居服务;产业园区嵌入式幼儿园投入使用,推进建设教育创新生态,打造有温度的美好教育新高地;社区的智慧云诊室等满足养老需求,有效提升人才和家人的获得感。

二是加大人才公寓的供给量和流转率,缓解人才住房的过渡性需求。率先尝试人才租赁房摇号配租。通过个人申请、公开摇号的方式,探索出一条让更多人才更加公平地申请人才租赁房的新路径。据统计,目前,高新区(滨江)人才房总量居全市各城区第一位,已累计向全区550余家企业共9 000多名人才提供人才(租赁)房保障。接下来,高新区(滨江)通过盘活国有空置房产,加快现有人才房项目建设,加大政府统一配建人才房数目,开展企业自建职工(人才)租赁房试点和留用地开发建设人才房试点等方式,力争到2023年底实现人才房房源三年翻一番以上。[①]

四、安徽:合肥国家高新技术产业开发区

合肥国家高新技术产业开发区(以下简称"高新区")是1991年经国务院批准的首批国家级高新区,区域面积179平方千米,是合肥综合性国家科学中心的核心区、合肥滨湖科学城创新引领核、国家自主创新示范区、首批国家双创示范基地和中国(安徽)自贸区合肥片区核心区,是创新型国家建设的战略支点和合肥建设"大湖名城,创新高地"的主要载体,在全国169家国家级高新区综合排名中连续7年位居前10名,其中2019排名第6位。2018年4月被国家纳入全国10家"世界一

[①] 《高新区(滨江)锚定一流人才生态,续写"三态融合"发展新篇》,《杭州日报》2020年11月9日。

流高科技园区"建设序列,跻身参与全球科技竞争的国家队。2021年,高新区实现地区生产总值1252.7亿元,增长11.2%,财政总收入248.7亿元,增长11.7%,规上工业产值1806.5亿元,增长22%,战略性新兴产业产值1251.6亿元,增长30.7%。①

高新区秉持"发展高科技、实现产业化"的立区宗旨,探索出了一条"科学—技术—创新—产业"的内生发展之路,在新一代人工智能、量子技术等前沿技术、颠覆性技术和产业化方面取得重大突破,科大讯飞入选首批四大国家AI开放创新平台,中国科大高新校区、安徽省科技创新"一号工程"量子信息与量子科学创新研究院坐落于此,形成了"中国声谷量子中心"的园区品牌。目前,国家高新技术企业近2000家,省级以上技术(工程)研究中心200余个,R&D占GDP比重达11.7%,每万人有效发明专利拥有量369件,位居全国前列。2020年初,科技部火炬中心印发通报,合肥高新区综合排名跻身全国第6位,实现争先进位,连续6年稳居全国前10。合肥高新区已成为安徽省高质量发展的创新高地、先进制造业高地、数字经济高地、内陆开放高地和宜居宜业生态高地。②

同时,合肥高新区坚持人才优先战略,优化服务环境,激发人才活力,增强人才归属感,打造"养人"之城。截至目前,全区集聚各类人才25万余人,市级以上高层次人才501人,各类人才项目入选比例占全市的42%、全省的1/5。人才是创新的核心力量,合肥高新区高度重视人才工作,宣传普及"广聚天下英才而用之"的人才理念,积极做好引才、育才和用才工作。

---

① 《合肥高新区:峥嵘30年,勇立创新潮头》,《科技日报》2020年12月7日。
② 《合肥高新技术产业开发区管委会》,https://gxq.hefei.gov.cn/yqgk/yqjs/index.html。

第六章　长三角地区国家级开发区人才发展案例

（一）推进"引才载体"建设，为人才创新创业搭建舞台

近年来，高新区广栽梧桐深挖渊，全力推进综合性国家科学中心核心区、协同创新平台、孵化器和众创空间等引才载体建设，让各方面优秀人才有用武之地。

一是搭建协同创新平台，加快推进综合性国家科学中心核心区和协同创新平台建设。为打破科技成果转化藩篱，推动产学研合作由短期松散型向长期系统型转变，建设了中科院技术创新工程院、中国科大先进技术研究院等协同创新平台，探索事业单位企业化、技术开发契约化、成果转化资本化运作模式。全力推进量子信息科学国家实验室、类脑国家工程实验室和合肥先进光源等大科学装置建设，实施名校名所名企合作战略，中科大先研院、中科院创新院等30多个协同创新平台先后落户。高新区紧抓建设合肥综合性国家科学中心核心区的重大机遇，依托合肥高校院所、科研机构、科技型龙头骨干企业聚集的优势，全力打造涵盖协同创新平台、综合战略性平台、新型产业研究平台、开放共享平台的双创平台集群，在共性关键技术研发、新产品新企业孵化、研发团队培养、科技成果转化等方面协同发展，打通从科学到技术，从技术转化为产业的通道，吸引各类双创要素集聚，形成良好的双创生态，起到了良好的示范作用。[①]

二是优化推进高端产业发展，以高端产业和高科技企业承载高端人才。围绕建设"中国声谷、量子中心"目标，聚焦ABQS（人工智能、生命健康、量子科技、信息安全）等高端产业，培育国家高新技术企业近千家，以高端产业和高科技企业承载高端人才。高新区从2014年实施扶持产业发展"2+2"政策体系以来，累计投入财政资金42亿元，财政资

---

① 叶茂、江洪、郭文娟、龚琴：《综合性国家科学中心建设的经验与启示——以上海张江、合肥为例》，《科学管理研究》2018年第4期。

金的杠杆和撬动效应得到较大程度的发挥,撬动社会资本近500亿元,惠及企业超1.2万家次。2019年,围绕建设世界一流高科技园区目标任务,根据精准支持主导产业发展及引进重点项目需要,打破原有"2+2"框架,重新构建"1+N"政策框架。[①] 同时,建立合肥高新区领军人才库,挖掘符合高新区战略发展导向和产业发展需求的高层次人才。创新人才工作机制,推动人才跨国界流通,鼓励海外留学人员和外籍专家来高新区创办企业。

三是加快推进孵化器和众创空间建设,为创新创业人才提供培养基地。科技企业孵化器是以促进科技成果转化,培育科技企业和企业家精神为宗旨,提供物理空间、共享设施和专业化服务的科技创业服务机构,是创新创业人才培养基地、大众创新创业的支撑平台。安徽省省级孵化器按行业聚集度分为综合孵化器和专业孵化器两类。目前,高新区累计建成众创空间36家(国家级17家,占全省38%),科技企业孵化器20家(国家级9家,占全省35%),加速器8家,孵化面积260万平方米,在孵企业3 200余家。培育了全区50%以上的上市公司和70%以上的瞪羚企业。

四是加快推进产业人才集聚区建设,进一步打造海外华侨华人来皖发展平台。一方面,利用技术产业开发区具有较好的政策优势和区位优势,高新区根据海外华侨华人特点和需求,设立"侨梦苑"并将其打造成汇聚全球侨商、专业人士精英创新创业的侨商产业集聚区和华侨华人创新创业基地。同时,设立"高层次人才专项"资金,搭建华人华侨交流平台,进一步优化人才发展环境。实施筑巢引侨工程,打造海外华

---

① "1"为"关于建设世界一流高科技园区若干意见"指导性意见;"N"为高层次人才、自主创新、科技金融、新经济、制造业、高技术服务业项目等10个具体政策,实施推动产业高质量发展"五大战略",即人才固本、科技强基、开放融通、产业引领、深化改革战略。

侨华人来皖创新创业综合服务平台。建设一站式服务中心、华侨华人数据平台、华侨华人技术成果转化与交易平台等3个平台和华侨华人知识产权综合服务和保护中心。设立总规模40亿元的侨创基金(海外华人华侨发展基金),优先用于投资华人华侨和海外高层次人才创办的企业,着力打造海外华人华侨国际创新合作示范区。[1] 另一方面,积极探索海外人才创新创业的离岸模式,园区于2019年建立首个岸科技孵化平台,共同打造中澳离岸孵化基地。在柔性引才、创业孵化、基地运营等方面先行先试,力争形成示范效应。3年内引进拥有自主知识产权和科技成果的海外高层次人才(创新创业团队)不少于6名(个),组织海外企业、高层次人才对接活动不少于6次,在澳大利亚建成合肥市海外人才工作站、离岸基地海外服务站。推动一批澳大利亚科技成果在新站区转化。依托国家海外人才离岸创新创业基地、安徽(合肥)侨梦苑、中德国际创新园,在美国硅谷、德国汉诺威设立引才引资创新中心,组团赴美国、欧洲、日本等地开展专场推介和人才招聘会,集聚海外留学人员和外国专家近3 000人。[2]

(二) 实施"人才培育"工程,为人才成长提供肥沃土壤

"引才"和"育才"如鸟之双翼,高新区在抓好人才引进的同时,高度重视本土人才的培育。

一是依托科研院所,加快本土人才培育。近年来,合肥高新区坚持抓好基础人才培育,依托中科大先研院、中科大新校区等科研院校,加速培养基础性人才。中科大先研院成立以来,累计培育工程硕士2 500余名;中科大新校区建成后,每年将培养1.5万名本科生和研究生,这些

---

[1] 《"侨梦苑"侨商产业集聚区落户合肥高新区》,https://www.sohu.com/a/114518706_114967。
[2] 凌岚、孙刚:《安徽省科技创新"十三五"成就巡礼》,《安徽科技》2021年第1期。

人才将为全市乃至全省的科技创新提供源源不断的动力。

二是实施重点人才工程,引进培育高层次人才团队。依托"国家双创示范基地""科技部创新人才培养示范基地"等一批人才平台,加快推进合肥市人才发展"6311"工程和高新区"东方硅谷"人才工程,近3年累计新增市级以上高层次人才240余人;制定《建设世界一流高科技园区行动方案》,开展科学家合伙人招募行动,谋划引进培育一批具有重大原始创新能力的科学家和高层次人才团队。

三是分类开展人才培训,系统提升创新创业能力。同时针对性培养急需紧缺人才,组织开展各类高级研修班和创客学院,分领域、分行业开展专业人才培训活动,系统提升青年创客的创新创业意识和能力,帮助企业培养急需紧缺的专业技术人才。

(三) 打造最优"养人"环境,为人才发展提供全面保障

营商环境是核心竞争力。高新区在金融、政务、配套等各方面为人才发展提供全方位、保姆式服务,让其无后顾之忧,能够全身心投入创新创业中。

一是不断健全金融支撑体系。为汇聚"双创"高端资源,高新区制定分重点、差异化、多层次的人才激励政策。通过设立"人才基金"、青创引导资金、发放"合创券"[①],贴息"创新贷""政保贷",打造"合创汇""未来汇"创新型融资平台等系列举措,为人才创新创业提供了全方位、全周期的融资服务,助推了华米科技、科大国盾等一批科技企业实现了跨越式发展。以"合创券"为例,它实际上是替代传统的政策资金补助,基于互联网发放,采用"抢红包"的形式,实现科技扶持政策的前置。园

---

① 《合肥高新区推出"合创券"开启双创服务供给侧改革》,http://ah.ifeng.com/a/20170811/5904067_0.shtml。

区企业可以使用合创券向科技中介服务机构购买服务。高新区按照实际兑现金额的10%奖励给合创券服务机构或个人,从而激励科技中介服务机构积极开展科技中介服务。

通过对双创服务领域的"供给侧改革"。高新区集聚了委托研发、技术咨询、科技金融、创业孵化及人才服务等各类科技服务机构300多家,包括工信部5所的赛宝实验室、深圳腾讯云技术服务平台、北京创业黑马创新创业平台在内的多家国内知名品牌,正在形成基于互联网的开放式"双创"服务阵列。

二是不断提升政务服务效率,配合省市建成"合肥国际人才城",提供4000平方米左右的人才服务功能区,建设"合肥国际人才网",为人才集聚和开放共享提供一站式服务,截至目前已办理业务咨询和各类服务2799人次,承办中德国际高峰论坛等主题活动25场,网站浏览量8.25万余次;安徽政务服务网高新区分厅上线运行,成为省内第一家开发区政务服务平台分厅,汇集21个业务系统172个服务事项,在合肥市率先发出第一张"零跑腿"营业执照,实行外商企业登记备案"一窗通办",为人才提供了更加省时省力的政务服务。

三是逐步完善基础生活配套,建成创新公寓等人才配套用房近8000套,在建高端人才公寓600套,每年财政安排2亿—3亿元资金,向新入区的高层次、高学历、高技能人才发放安居补贴,促进人才安居;全面推进"名校战略",中加国际学校、中科大附中高新中学、合肥六中高新中学、合肥七中等优质教育资源集聚,拥有安医一附院高新院区、省国际妇女儿童保健中心、省口腔医院(西区)、全国第二家质子重离子医院等高端医疗资源,着力解决影响人才安居乐业的"关键小事"。

四是大力营造创新文化环境,组建高新区企业创新文化联盟,承办

"全国双创活动周""海外人才创新创业大赛",开展"十大创新文化建设示范单位"评选等系列活动,为人才创新创业营造了鼓励探索、宽容失败、崇尚创造的浓厚文化氛围。组建高新区创新创业高层次人才协会,为高层次人才搭建联谊交流平台。

执笔:陈程(上海社会科学院信息研究所)

第七章　全球科技人才流动新趋势与长三角国际人才高地建设

一、全球科技人才竞争格局与人才政策趋势

(一) 全球科技人才的竞争格局与总体趋势

当今世界各国普遍都认识到科技资源的重要性,科技人才被看作国家最重要的战略资源。在科技创新驱动经济发展的全球大背景下,各国进一步强化"科技主权",对科技人才的争夺由企业行为上升到国家战略,开启并强化了"国家干预模式",科技人才的国际流动呈现日益复杂的态势。就目前来看,全球科技人才竞争主要呈现以下格局。

1. 科技人才总量以中美领先,但人均数量发达国家优势明显

国际上,通常以研究与试验发展(R&D)人员指标比较各国科技人才情况。R&D人员队伍建设是提高研发能力和水平的重要保障。根据OECD的统计,2011—2017年,世界主要国家的R&D研究人员数量基本呈上升趋势,中国和美国的R&D研究人员均超过100万人。中国的R&D研究人员全时当量从2010年开始超过美国,位居全球第一。然而,从每万名就业人员中R&D研究人员数来看,中国与其他发达国家差距较远,2017年中国仅为22.4人,远不及发达国家如美国(89.3人)、英国(90.4人)等。[①]

[①] 王寅秋、罗晖、李正风:《当今世界科技人才流动的新态势和新特点》,《全球科技经济瞭望》2016年第6期。

表 7-1 R&D 人员总量超过 10 万人年的国家

	年份	R&D 人员 （万人年）	万名就业 人员 R&D 人员数 （人年/万人）	R&D 研究人员 （万人年）	万名就业 人员 R&D 研究人员数 （人年/万人）
中　　国	2017	403.4	52.0	174.0	22.4
澳大利亚	2010	14.8	133.0	10.0	90.3
巴　　西	2014	37.7	30.9	18.0	14.8
加 拿 大	2016	22.3	120.9	15.5	84.1
法　　国	2017	43.5	155.8	28.9	103.4
德　　国	2017	68.2	154.0	41.4	93.4
印　　度	2014	52.8	7.8	28.3	4.2
意 大 利	2017	29.2	116.2	13.6	54.3
日　　本	2017	89.1	131.9	67.6	100.1
韩　　国	2017	47.1	177.5	38.3	144.3
荷　　兰	2017	13.8	152.1	8.5	93.8
波　　兰	2017	12.1	74.6	9.6	59.3
西 班 牙	2017	21.6	110.7	13.3	68.4
土 耳 其	2017	15.4	55.1	11.2	40.1
英　　国	2017	42.5	132.4	29.0	90.4
美　　国	2016	—	—	137.1	89.3
俄 罗 斯	2017	77.8	107.9	41.1	56.9

数据来源：OECD, Main Science and Technology Indicators 2018-2。

2. 高端科技人才集中在发达经济体，美国领先，中国增长迅速

以诺贝尔奖获得者获奖时的国籍统计，人数排名前 10 的国家（不

包括拥有双重国籍的获奖者)中,美国独占鳌头,拥有 260 位诺贝尔奖得主,占总数的 2/5,是排在第二的英国的 3 倍,排在之后的德国、法国、日本等均属于发达经济体。根据科睿唯安对于高被引科学家的统计,2019 年度高被引科学家上榜人次前 10 的国家/地区中,中国排名第二,也是唯一前 10 名中不属于发达经济体的国家,排名第一的美国拥有高被引科学家 2 737 人次,占总数的 44%,中国入榜 636 人次,占比 10.2%,排名比 2018 年上升了一名。

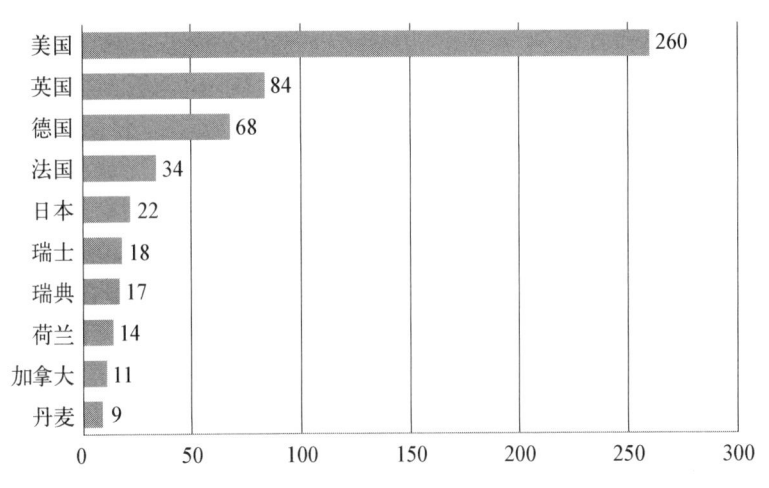

国家	人数
美国	260
英国	84
德国	68
法国	34
日本	22
瑞士	18
瑞典	17
荷兰	14
加拿大	11
丹麦	9

图 7-1 1901—2019 年获得诺贝尔奖人数排名前 10 的国家

3. 科技人才总体趋势是从发展中国家流向发达国家,但流向日益多元化

当前,全球科技人才流动的总体趋势仍然是从发展中国家流向发达国家,并且美国仍然是全球最大的科技人才接收国和世界科技人才制高点。相比较美国,澳大利亚和加拿大等发达国家也是全球科技人才向往的目标国,但吸引力相对较小,中国和印度等发展中国家成为人才输出大国。同时,发达国家之间的学术人员流动也很频繁,欧盟是英国最大的学术人员来源地,也是主要流出地。

具体到不同领域,科技人才的流向日益呈现多元化的趋势,根据加拿大 Element AI 首席执行官发布的《全球 AI 人才流动报告(2019)》对 AI 人才跨国流动情况的研究,澳大利亚、西班牙、瑞典和中国台湾地区等在吸引外来人才和留住本国(或本地区)的 AI 人才上方面都具有优势,AI 人才呈净流入趋势,成为 AI 人才流入国;法国和以色列等国 AI 人才流出比例大于流入比例,并高于本国 AI 人才库的比例,是 AI 人才产生国,也是流出国;美国是世界 AI 人才的最大聚居地,AI 人才流出率和流入率都很低,被称为 AI 人才锚定国,同样具备这一特点的还有中国、德国、日本、印度、韩国和意大利等;加拿大、荷兰、新加坡、瑞士和英国等国 AI 人才流出和流入比例都在上升,被定义为 AI 人才平台国。不同领域的人才不再局限于单方向和两个国家之间的流动,双向化、多元化和虚拟化也在成为日益明显的趋势,不同国家在全球人才流动中扮演着不同的角色。[1]

4. 全球科技人才培养与使用均高度国际化,共享是人才发展的新形态

当前,人才跨国流动已经逐渐从单向过程转变成为可逆过程,人才的长期迁移已经被多样性的短期流动所代替,出现了人才跨国流出、流入和回流共同存在的局面。随着资本的全球流动和全球分工协作的细化,科技人才的全球共享已经成为不可忽视的现象。很多高水平科技人才已经采取阶段性流动的方式为非所在国工作,例如短期入境(即在一定时间内定期从一国流动到其他国工作)。另外,合作研究(即科技人才通过与其他国家相关科研机构的合作来间接实现为其他国家服务)也是近些年来一种新型的人才流动模式,并且这种模式最为快捷灵活,成本与风险也相对较低,所以广受科技人才

---

[1] 蒙特利尔 Element AI 研究院:《全球 AI 人才流动报告(2019)》,2019 年。

第七章 全球科技人才流动新趋势与长三角国际人才高地建设

的欢迎。

《全球AI人才流动报告(2019)》还显示,人工智能人才具有高度的流动性,大约1/3的研究人员工作的国家与其获得博士学位的国家不同,即招收博士学位的国家并不总是受益的国家,几乎所有的国家都既有大量的人才去其他国家工作,也有大批的外国人才来本国提供服务,全球科技人才培养与使用呈现高度国际化特点。

(二) 全球科技人才政策趋势

近年来,全球范围内的经济科技发展进入了重要的转型期。随着云计算、物联网、大数据、人工智能(简称"云物大智")的兴起,世界各国几乎面临着相似的机遇、挑战与不确定性,对于人才资源的需求类似,争夺国际人才资源的力度普遍加大,各国纷纷调整人才政策,人才争夺的抓手与途径改变,主要呈现以下特点:

1. 以"本国为先"摒弃自由主义的技术移民政策

通过技术移民政策吸引高技能人才日益成为各国实施创新战略和建设创新国家的重要政策表述和战略目标。近些年来,来自美国、英国、澳大利亚和奥地利等国的民粹主义和反全球化倾向开始露头,西方自由主义技术移民体系迅速瓦解,民族主义技术移民政策陆续出台。2017年1月特朗普上台即放弃了美国自由主义的移民政策;同年4月,澳大利亚时任总理特恩布尔宣布废除"457"工作签证项目,限制技术移民,以优先保证澳大利亚本地人的就业和生活。2018年之后,西方主要发达国家进一步加快了技术移民政策的调整步伐。如今,美国、英国、澳大利亚、新西兰、日本、德国、新加坡、比利时、法国等均已大幅度调整技术移民政策。随着全球经济格局的快速调整,传统移民国家,如欧盟和一些新兴经济体纷纷强化了人才引进的选择性及审查程序,由此开启了摒弃西方自由主义技术移民体系的政策调整历程。

2. 通过分类审核以及积分制等方法,聚焦于高层次人才引进

2018年12月20日,英国内政部发布最新移民白皮书 *The UK'S Future Skills-Based Immigration System*,白皮书是英国政府对本国未来移民体系的总体规划,进一步确立了"监管资格框架"(RQF)这一技能水平区分系统,依据学位和岗位内容将技能分为高、中、低三类,并给予不同政策对待。对高技术移民将取消名额限制,对低技术移民设置了"冷却期"制度。新增了针对低技术移民的临时工作签证(只被允许短暂居留一年),取消了工作签证劳动力测试。2019年5月16日,美国总统特朗普公布了移民改革方案,全面调整了技术移民政策的思路、目标及方向。改革方案具有以下特点:一是移民总额减少;二是高技能移民配额激增;三是推行移民系统评分制,申请人的薪资、投资和创业、年龄、受教育程度和特别成就是重点考虑的考核指标。各国通过分类或采用积分制的方法,聚焦于高层次人才的争夺。

3. 大力推行专项人才签证,目标直指全球科技精英

2017年6月15日,法国正式宣布启动"法国科技签证"。作为一种"快速"签证申请程序和杰出人才护照(Passeport Talent)的扩展与延伸,"法国科技签证"的申请人主要包括以下三种:一是来法创建初创企业的创办人(Start-up Founders);二是法国创新型企业聘用的外籍科技雇员(Tech Talents);三是投资法国创新型企业的外国投资人(Tech Investment)。从2019年3月1日起,法国政府又适当放宽了"法国科技签证"申请条件。2020年2月,英国启动"高科技人才签证"以广招全球科技精英,科技人才签证从2月20日实施,数量不设上限,程序走快速通道。这是继日前宣布新移民政策之后又一项面向世界招揽、吸引一流高科技人才的行动。华文媒体称之为"全球精英签证",其目标群

体是世界各地的一流科技人才。

二、我国海外科技人才回流的主要趋势

(一) 海外留学人员回流数量逐年增加,预计"十四五"期间回国人数将超过出国人数

从1978年到2018年底,我国各类出国留学人员累计达585.71万人,其中153.39万人正在国外进行相关阶段的学习和研究,432.32万人已完成学业。365.14万人在完成学业后选择回国发展,占已完成学业群体的84.46%。2010—2018年的数据显示,回国人数逐年增加。2018年我国各类留学回国人数较上一年增长8%,达到51.94万人,创历史新高,人才回流态势明显。

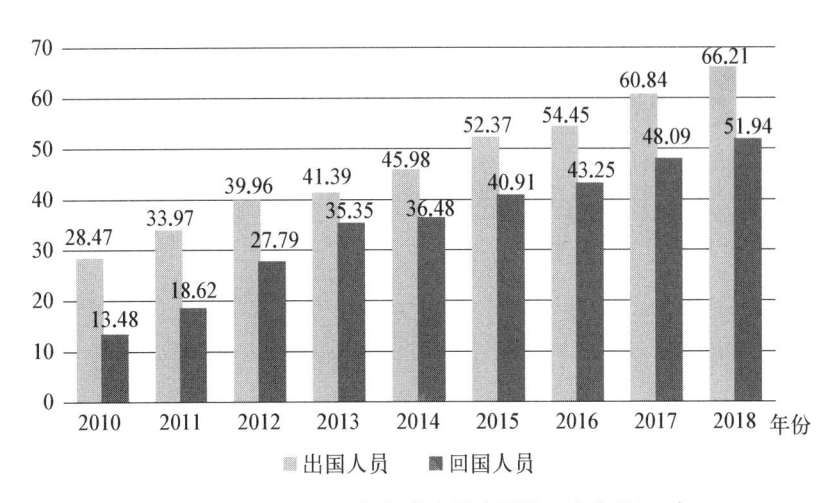

年份	出国人员	回国人员
2010	28.47	13.48
2011	33.97	18.62
2012	39.96	27.79
2013	41.39	35.35
2014	45.98	36.48
2015	52.37	40.91
2016	54.45	43.25
2017	60.84	48.09
2018	66.21	51.94

图7-2 2010—2018年留学人员出国及回流人数(万人)

(二) 中高端人才回流数量继续增长,在国外有一定积累的人才回流比例显著上升

《科技人才资源发展研究报告(2018)》的研究结果显示,我国科研人员的流动范围覆盖117个国家。近年来,随着我国科技水准快速提

升,各级政府出台的一系列人才引进政策在不同程度上推动了海外人才回流。根据北京大学未来教育管理研究中心启动"新形势下海外高端人才回国意愿"项目调研,以中国留学或工作于美、英、德、法、日等13个发达国家和地区的5 999位博士研究生、拥有博士学位的高校或企业科研人员为调查对象,调查显示,从中国走向海外的高端人才中近七成(69.6%)考虑未来优先回国就业。同时,2013—2017年,30—40岁的海归人才占当年海归总数的比例从16.5%上升至30.6%;20—29岁的海归人才占比则从79.7%下降到52.2%,这说明在国外已经有一定积累的人才回流比例显著上升。

(三) 海外精英回流已成大势所趋,美国成为中国AI领域最大人才回流来源

当前,人工智能在进入快速发展的阶段,并成为全球科技巨头新的战略方向。更为重要的是,人工智能领域的人才成为人工智能发展的核心,新一轮人才争夺正在激烈展开。领英大数据显示,截至2017年一季度,全球人工智能领域专业技术人才数量超过190万,其中美国人工智能领域专业技术人才总数超过85万,高居榜首。印度、英国、加拿大和澳大利亚分列2—5位。中国人工智能领域专业技术人才总数超过5万人,排在全球第7位。中国经济的快速发展为中国的互联网及高科技企业的腾飞提供了巨大的机遇。百度、阿里巴巴和腾讯等中国企业在互联网大潮中脱颖而出。在这样的时代背景下,越来越多海外华人精英选择回到中国发展。

全球的华人AI技术人才占全球AI技术人才总数的6.5%左右。目前,中国在发展人工智能这一前沿领域更多依赖于引进大量海外高端人才,在中国拥有海外工作经验的AI从业者占比为9%。在针对海

第七章　全球科技人才流动新趋势与长三角国际人才高地建设

外回流人才来源国家的分析中,美洲成为中国AI领域最大人才回流地,占半数。其中,美国最高,占43.9%,其次是加拿大,占7.1%。欧洲是中国AI领域人才回流的第二大区域。其中从英国回流的占比最高,为15.3%,法国占10.4%,德国占6.5%。在亚洲国家中,日本是中国AI海归的第一来源国,占5.3%,印度紧随其后排在第二,占3.8%。[1]

三、长三角地区建设国际人才高地的总体思路

国际人才高地建设是集聚各类国际人才的有效途径。建设国际化人才高地,是在世界新一轮科技革命和产业变革中引领和紧跟世界潮流、带动产业结构转型升级的人才密集区,是应对世界新一轮科技革命和产业变革挑战的迫切需要,是落实国家发展战略的重大举措,是创造国际竞争新优势、赢得国际竞争主动权的重要抓手。

(一) 国际人才高地的内涵

国际人才高地是人力资源理论中"(国际化)人才"概念和地理学上"高地"概念相结合的产物,是指相对于经济空间场内某一参照系,因人才流动与聚集所形成的智力高势能区域,是经济社会系统演化与人才的自我价值实现共同作用所表现出的人才资源"极化现象",是人才集中居住之地、交往集散之地、倾心向往之地、价值实现之地。

从静态看,人才高地是指人才投入大、数量多、质量高、结构优、活力足、效益好的地区:一是人才投入高强度,政府财政专项投入较高,政策支持体系完善。二是人才数量高密度,单位面积土地上拥有大规模的人才。三是人才素质高标准,人才的各方面素质的平均质量优于

---

[1] 北京北京领英信息技术有限公司:《全球AI领域人才报告(2017)》,2017年。

周边区域,且拥有大量拔尖人才。四是人才结构高对应,既包括人才所具备的专业及知识结构与经济社会发展需要相协调,也包括人才的层次结构较为合理,高、中、初级人才资源结构比例恰当。五是人才流动高活力,对内而言,区域内部具备较强的人才流动,人尽其才。同时,对各地的人才具有强大的吸引力,开放程度较高,人才中既有本土优秀人才,也有海外归国人才;既来自全国各地,更来自世界各地;在外国人才中,既有短期居留,也有移民定居。六是人才产出高效益,人才能够通过创造性劳动取得创新成果,为区域经济科技、人类进步做出巨大创新贡献。

从动态看,人才高地是指人才向往之地、人才价值最能实现之地,该地区机制活、平台高、环境好,具备吸引人才持续集聚的核心支撑要素。一是一流的高校院所和创新创业平台,高校院所,特别是知名大学是培养、集聚人才的重要机构和平台,对人才高地的形成具有辐射带动作用;实验室、研发机构、科技园、孵化器等创新创业平台是集聚人才的主要载体,是人才创新创业的重要场所。二是优势的高科技产业,产业集聚和人才高地的形成与发展相伴相生,一个地区拥有具有优势的高科技产业,往往能够带动人才高地的形成。三是活跃的科技金融市场,完善的科技金融市场,特别是风险投资是推动人才创新创业的有力支撑,有利于推动科技成果转化,激发创新人才积极性,拥有活跃的科技金融市场是人才高地建设的重要支撑。四是良好的人才发展体制机制,人才倾向于往体制机制健全高效的地区流动,包括人才培养支持机制、流动机制、创新创业激励机制、引才用才机制等。五是适宜的人居生态环境,良好的自然宜居环境是吸引人才集聚的重要因素,也是人才高地发展的前提条件。六是浓厚的创新文化氛围,创新文化是培育创新的养分和土壤,美国硅谷等世界知名的人才高地,无一不具有浓厚的创新氛围。一个区域只有拥有鼓励创新、宽容失败的创新文化氛围,才能推动人才高地持续发展。

实践中,国际人才高地不仅具有不同性质和类型,还显现出不同层次。依据人才聚集度、匹配度、高端化程度和产出效益等核心指标,可以将人才高地划分为世界级人才高地、国家级人才高地和地方人才高地等不同层次。

(二) 长三角地区打造国际人才高地的战略意义

长三角地区打造国际化人才集聚高地,形成特色鲜明、重点突出、优势互补、世界前列的人才高地体系,对于汇聚一大批创新创业高端人才和充分发挥人才作用,对于加快建设人才强国和实现国家重大发展战略目标,对于抢占国际竞争战略制高点和更有效地发挥中国在国际社会中的作用,都具有重要而深远的意义。

1. 打造国际人才高地,是应对世界新一轮科技革命和产业变革挑战的迫切需要

20世纪90年代以来,世界新一轮科技革命和产业变革正汹涌而至。这次科技革命和产业变革不但发展迅猛、影响广泛,而且种种颠覆性技术层出不穷,创造出从未有过的新产品、新需求、新业态,从而催生一系列重大产业变革。这场前所未有的科技革命,不仅对经济领域产生广泛而深远的影响,还会影响到政治、文化、科技、教育等社会各个领域。长远看,还会影响到国际战略力量对比和国际政治结构格局。

世界新一轮科技革命和产业变革对所有国家都是机遇,也使所有国家都面临着新的挑战。机遇从来都属于那些有较充分准备和较充足条件的国家,对于那些没有准备或准备不足和没有条件或条件远

不充分的国家,新的科技革命和产业变革绝对是一次新的巨大挑战,也必然导致国际政治经济结构格局的新变化,那些没有抓住机遇而陷于衰落的国家,将进一步拉大与发达国家的差距,其境遇将更加被动,其处境将更加艰难。抓住机遇,迎接挑战,其中最重要的就是人才,特别是高端创新型人才。他们是世界新一轮科技革命和产业变革的引领者和主力军。打造国际人才高地,形成吸引人才的强磁场,就能够引来和凝聚天下英才。赢得了优势和主动,不但能够紧跟世界科技革命和产业变革的潮流,而且能够占领新一轮科技革命和产业变革的战略制高点,掌握新一轮科技革命和产业变革的主导权,使自己立于不败之地。

2. 打造国际人才高地,是落实国家重大发展战略的重大战略举措

为抓住世界新一轮科技革命和产业变革的机遇乘势而上,以习近平同志为核心的党中央制定了创新驱动发展战略等国家重大发展战略,明确提出了三个时点目标,即到2020年进入创新型国家行列,到2030年跻身创新型国家前列,到2050年建成世界科技创新强国,成为世界主要科学中心和创新高地。实施创新驱动发展战略等国家重大战略,人才是关键。中国科技人力资源总量已经远超美国,然而,在世界一流人才的数量上,中国与美国存在巨大差距。2000—2014年,美国拿到68项诺贝尔自然科学奖,而中国却一项都没有拿到。2014年,全球高被引科学家,美国占了52.94%,位居世界第一,中国虽然位居第四,却仅占全球高被引科学家的3.92%。2017年,美国在全球高被引科学家中以1 644人的总人数仍然位列世界第一,中国由2014年的第四位上升到第三位,总人数为249人(不含台湾地区)。

要解决我国创新型科技人才结构性不足的问题,一是从强国战略的大局出发,按照人才培养和成长的规律,大力推进人才培养体制机

制改革,使人才培养系统能够在多出人才的基础上出高质量人才,这是治本之策。但也必须看到,"十年树木,百年树人"。即使我国人才培养体制机制改革到位了,在短期内也难以培养出大批世界一流人才。二是大力打造世界和国际人才高地,大力吸引海外人才,"聚天下英才而用之"。

3. 打造国际人才高地,是创造国际竞争新优势、赢得国际竞争主动权的重要抓手

在当今世界,大国之间的竞争更是全面展开,而在各个领域和各种形式的国际竞争中,人才竞争是核心、重点和关键。第二次世界大战结束以来,美国之所以在诸多领域占尽了优势,一个非常重要的原因就是美国出台了各种优惠政策和创造了较好的发展环境,从世界各国抢夺了大批高端人才。有学者对1947—2006年诺贝尔奖得主进行研究,认为美国是最吸引顶级科学家的国家,美国该奖得主20%左右是移民。此外,约有2/3在美国取得博士学位的留学生留在了美国。为争夺人才和充分发挥人才作用,美国还打造了硅谷等世界级的人才高地。在世界新一轮科技革命和产业变革中,人才竞争硝烟四起。这场争夺战,直接关系到国家兴衰和民族命运。为打赢这场高端人才争夺大战,迫切需要建设世界级和国家级人才高地,打造吸引人才的强磁场和高端人才充分发挥作用的大舞台。这场战役打赢了,我们就能够创造国际竞争的新优势,抢占国际竞争的战略制高点,赢得国际竞争的主动权,从而更有效地发挥中国在国际社会中的大国作用。

(三) 长三角地区打造国际人才高地的对策建议

1. 深化人才发展体制机制改革,构建具有全球竞争力的人才制度体系

吸引高端人才的首要因素不一定是优厚的薪酬待遇,更可能是良

好的人才管理体制机制。我国传统的人才管理体制机制是在计划经济时代建立起来的,其主要弊端是权力过分集中、人治色彩浓厚、管理不规范、用人单位缺乏自主权、人才创新创业缺乏应有的自由度。改革开放以来,我国人才管理体制机制有了很大改进,但传统体制的弊端和痼疾并未完全消除,在不少地方和单位,传统的思维、传统的管理方式和行为模式仍然大行其道,从而严重影响了对人才的吸引力和凝聚力。

为深化人才发展体制机制改革,中央下发的《关于深化人才发展体制机制改革的意见》提出的核心任务和目标是破除束缚人才发展的思想观念和体制机制障碍,解放和增强人才活力,形成具有国际竞争力的人才制度优势。围绕这一改革任务和目标,从管理体制、工作机制和组织领导等方面提出了改革措施。贯彻中央精神,就必须简政放权,向用人单位下放自主权,在优化人才管理体制的基础上,加强人才管理和服务的法治化建设,形成具有国际竞争力的人才制度优势和科学规范、开放包容、公平公正、运行有序的人才治理体系和人才发展服务体系,为打造世界级和国家级人才高地奠定坚实的体制基础,提供强有力的制度保障。

2. 加强法制建设,为吸引和凝聚高端创新型人才提供稳定的理性预期

人才,特别是高端创新型人才对稳定的法治环境有更高的期待。健全的法制既能够维护和保障人才的合法权益,又能够使人才对自己的行为有明确而稳定的理性预期。因此,健全的法制是吸引和凝聚人才的重要因素之一。相反,法制不健全,必然导致人治色彩浓厚,政策缺乏连续性和稳定性,使人才望而却步。"有调查问卷显示,我国吸引高层次人才不利因素主要集中在法治环境上。"发达国家人才法制体系比较成熟、比较完善,既有人才综合立法,又有人才分类立法。相比而言,我国目前的人才法制建设总体处于摸索阶段,从立法角度来看,其

突出问题表现在四个方面：一是立法层次较低；二是立法程序不完备；三是立法质量不高；四是立法的国际通用性不够。

我国人才法制体系不健全，在执法和司法环节上的表现是：不少地方、部门和单位程度不同地存在着有法不依、执法不严、以权代法、以人代法等现象。这对吸引和凝聚人才产生了极为不利的影响。鉴于人才资源在开启全面建设社会主义现代化新征程中的极端重要性，建议全国人大常委会尽快组织专家对人才立法的相关问题进行全面、深入、系统的研究，为全国人大常委会制定《人才促进法》及其他配套法律提供依据和参考。全国人大常委会也应将人才立法列入立法的重要日程，尽快制定《人才促进法》及与之配套的相关法律，依法明确在相关的法律关系中人才的权利和义务。在加快人才立法的基础上，各级人大常委会应加强人才法律法规的监督执行，对违法和不严格执法的机关和个人，依法进行严肃处理，以确保法律的权威性和严肃性，确保人才的合法权益，依法保障和鼓励人才创新创业。

3. 建设高质量的服务型政府，打造吸引和凝聚人才的良好环境

生活和工作环境不理想，是我国许多城市在国际人才竞争中吸引力不大的重要原因之一。例如，多数科技中心城市空气污染较为严重，卫生条件相对较差；除少数几个大城市外，多数城市国际化程度比较低；在人文环境、法律体系、规章制度等方面与发达国家差异较大；不少地方，教育、医疗、社会保障等基本公共服务难以满足人才的基本需求；我国科技人员的工资普遍偏低，基本上是发达国家的1/10，这也是我国吸引力弱的重要原因之一。

为切实解决这些问题，打造吸引和凝聚人才的良好环境，迫切需要建设高质量的服务型政府。所谓高质量的服务型政府，即坚持以人民为中心的发展理念，在基本公共服务惠及全民的基础上，加大公共服务

供给侧改革,进一步提升基本公共服务的质量和水平,使之不断满足新时代人民群众日益增长的对美好生活需要的政府。简言之,就是优质高效、持续均等地提供基本公共服务的政府。为建设高质量的服务型政府,必须加大行政体制改革的力度,加快政府职能转变的步伐,使政府的主要职能尽快转变到创造良好发展环境、提供优质公共服务、维护社会公平正义上来。与此同时,还要依法明确各级政府提供基本公共服务的支出责任,提高基本公共服务支出占政府支出的比重,加强政府基本公共服务的绩效评估和行政问责,确保政府提供的基本公共服务既适应经济社会的发展水平,又能满足人才,特别是高端人才对基本公共服务质量和水平的需求。

4. 建设若干个具有国际先进水平的研究平台,助推高端创新型人才追赶乃至引领世界科技潮流

在市场上,资本寻找最佳投资场所是为了赢利;在国际上,高端创新型人才跨国流动是为了寻找创新创业的最佳地方,以实现自己的人生价值。满足高端创新型人才的这一需求,除了上述条件之外,具有国际先进水平的研究平台,则是一个不可或缺的条件。有专家研究指出,缺乏国际上最强的领域性研究中心或机构,缺少具有国际一流水平的实验室,是导致我国对国际一流人才吸引力不强的重要原因之一。"我国的国家重点实验室正向国际一流靠拢,但离吸引大批国际一流学者自发前来长期工作还有不小差距。"因此,打造世界级和国家级人才高地,迫切需要组建国际上最强的领域性研究中心或机构,建设若干个具有国际先进水平的研究平台。唯其如此,才能增强对国际一流人才的吸引力和凝聚力,并助推他们追赶乃至引领世界科技潮流。

执笔:陈程(上海社会科学院信息研究所)

第八章 世界著名创新型城市引进留住创新创业人才的经验做法及启示

本章基于上海在创新创业人才的培养支持、资金支持、税收优惠政策支持、平台载体支持、住房安居等方面，与世界重要的创新型城市比较，客观上还存在一定的差距，因此重点选择美国硅谷、纽约（硅巷）、伦敦（东伦敦科技城）、新加坡、特拉维夫等地著名创新型城市，考察其在培养、引进和使用创新创业人才方面的主要经验做法。我们通过境内外文献搜集、分析，梳理了这些典型城市在加强创新创业人才队伍建设方面的有效做法，并通过对标最高标准、最好水平，针对上海当前存在的主要瓶颈问题，提出相关发展对策建议。[①]

一、创新创业人才培养支持

充沛的高素质人才是国际大都市创新创业发展的关键。德科集团、欧洲工商管理学院（INSEAD）和塔塔通信（Tata Communications）联合发布的《2019年全球城市人才竞争力指数报告》显示，2019年上海的人才竞争力位列全球114个城市的第72位，处于国际人才竞争力排名中等偏下水平，与处于前10位的华盛顿特区、哥本哈根、奥斯陆、维也纳、苏黎世、波士顿、赫尔辛基、纽约、巴黎、首尔差距明显，与中国台

---

① 本章为"上海创造新时代新奇迹人才引领战略研究"子课题"国际城市引进创新创业人才的主要经验做法"的总报告，完成于2020年。课题组成员有王振、汪怿、邓智团、曹祎霞、胡雯。

湾(第15)、香港(第28)、北京(第58)存在不小距离。

从国际大都市经验来看,近年来根据科技创新的趋势、产业变革的动向、全球城市发展的需要,致力于推进符合城市发展需要的人才培养政策,为抢占前沿技术、布局战略性新兴产业奠定重要的能力基础。例如,纽约市先后出台了技术人才管道计划(TTP)、纽约市立大学技术人才翻倍计划(CUNY 2x Tech),推动产学加强合作,鼓励企业建设人才梯队,引导让学生在校期间做好高技术行业就业准备,力争到2022年实现理工类高校毕业生人数翻番目标。为抢占前沿技术发展先机,纽约市2018年提出区块链技术人才计划、纽约生命科学计划(lifeSci NYC)等前沿技术人才培养计划,积极建设纽约市区块链中心(NYC Blockchain Center),向生命科学课程建设投入750万美元,推动产学研资源联动,构建创新生态系统。硅谷则建立了基于"热带雨林"式创投生态的创业人才培养机制。以Draper University为例,该机构每年招收几百位准创业者开展为期5个星期的创业特训,快速培养学员在融资知识、商业模式、原型设计等方面能力,同时Boost VC孵化器定期招募创业团队入驻,提供资金、资源、导师等支持,与此同时,Draper还针对不同阶段创业项目提供包括种子基金Draper Associate、风险投资基金Draper Dragon和DFJ,以及PE和成长型基金DFJ Growth等一系列基金,促进创业人才成长发展。以色列特拉维夫实行"工程师计划",主要针对具有以色列国籍的阿拉伯人和超正统犹太人等少数群体为重点,提供免费技术培训,以缓解软件工程师紧缺的状况。

经验启示与建议:各个国际典型城市都在积极抢占科技创新前沿高地,都在倾力培养理工科人才和工程师人才。上海建设全球科创中心,除了要从海内外继续大力引进国际一流的科技创新人才和各类高素质理工人才,更要发挥上海高水平高校多、企业研发中心集聚度高的

第八章　世界著名创新型城市引进留住创新创业人才的经验做法及启示

优势,坚持扩大理工科招生规模,坚持教育资源向前沿理工学科倾斜,既要积极打造国际一流理工学科,也要用力建设好应用型理工学科。要发挥企业在培养工程师人才中的主体作用,支持和资助大企业创办企业大学或培训中心,支持和资助企业在大学、科研院所开设合作培养班,促进供需直接对接,培养更加符合企业需要的专业人才。

二、创新创业人才资金支持

创新创业人才发展需要项目支持少、贷款门槛高、获得首贷难、融资成本大,这是制约上海创新创业人才发展的重要瓶颈之一。从国际大都市发展的经验来看,目前,全球城市着眼于创新创业人才成长发展规律,遵循创新链、产业链发展,提出不同的支持政策、融资政策。

在政府资金支持方面,新加坡推出企业发展计划(EDG)、生产力提升计划(PSG)和新版企业合作计划(PACT)等扶持计划,支持人才创新创业。其中,企业发展津贴(EDG)对符合条件的企业提供项目实际发生费用70%的补贴,生产力解决方案津贴(PSG)资助企业多达70%的合格成本,企业能力合作计划(PACT)则资助中小企业高达70%或非中小企业50%的合格开支。此外,新加坡还设立"起步新加坡"计划(Startup SG,简称"起新"),包括先锋、科技、投资、加速、人才、贷款等6个辅助计划,给予符合创新创业人才及其创办企业一定补贴,围绕创业环节涉及辅导、成果转化、集资、孵化、能力建设等各个方面需求给予相应支持。东京从2017年开始,为入驻东京的海外投资者免费提供关于商业计划制订和市场调查等咨询服务,同时对律师、会计师等专业性服务咨询费及人才引进费用等方面新设补贴制度。

在金融支持方面,纽约州政府与高盛共同出资建立纽约创新基金(Innovate NY Fund),其中纽约州政府3 560万美元、高盛1 030万美元,作为风险投资基金支持,吸引科技创新企业和人才,该基金设立以来,已投资纽约州81家公司,为初创企业、种子公司、创新创业人才带来逾2.77亿美元投资。纽约州政府启动规模为5 000万美元纽约州创新风险投资基金,意在撬动1亿美元的私人资本,共同支持先进材料、清洁技术、生命科学、生物技术和信息技术等高增长领域企业、人才加速成果转化和市场推广进程。伦敦则凭借其国际金融中心的优势,云集大量天使投资人、众筹平台、银行和经验丰富的创业投资公司,为创新创业人才提供充沛的资金和经验支持。又如,以色列特拉维夫政府与特拉维夫大学2018年合作成立特拉维夫大学风投基金(TAU VENTURES),以2 000万美元为目标,重点为选择创业的高校毕业生或校友提供种子期资金,同时整体带动校园创业。硅谷则设立硅谷银行,采取三种业务模式支持创新创业人才发展,包括:向早期创业企业发放贷款并收取较高的利息,通过协议获取企业部分认股权或期权;由母公司硅谷银行金融集团持有股权或期权,在企业上市或被购并时行使期权获利;对于前景看好的创业企业,由旗下硅银创投以风投方式介入,以获得资本增值。硅谷所在的加州通过小企业贷款担保计划(SBLGP)帮助企业创造并保留岗位,鼓励对低收入至中等收入群体的投资。

经验启示与建议:为创业人才提供初始创业资金,是各个城市政府普遍采取的支持政策,这里有三点经验值得上海进一步借鉴:一是对企业创业过程发生的关键性费用提供补贴,有助于降低创业者实际负担和创业风险;二是硅谷银行成熟的融资和股权投资模式;三是政府与大学共同创设风险投资基金,支持在校生、毕业生创业。当前创业者融资难和风险承受能力弱是普遍的问题。上海要成为年轻人的科技创业天堂,仍需在资金支持方面有更大的力度和创新。一是建立对创业

第八章　世界著名创新型城市引进留住创新创业人才的经验做法及启示

全过程的补贴政策。也就是在各个创业环节,包括前期的创业培训、创业辅导,以及创业中的租房、贷款、使用大型科技设施设备等方面,都可配套相应的补贴措施,让各个重要环节都有政策支持。二是建立类似硅谷银行的创业银行。硅谷银行已在上海落地,并展开一定的业务活动,对其应给予更加开放的政策支持。同时应积极谋划组建我们自己的硅谷银行,让其为创业者和小微企业提供更加符合科技创新创业规模的融资服务。三是选择若干大学和科研院所,组建面向大学生和毕业生的创业风投基金。可市、区两级政府共同出资,大学和科研院所也出资一部分,再可组织历届毕业生中的企业家出资。

三、创新创业人才税收支持

我国个人所得税的起征点较低,最高边际税率过高。虽然在粤港澳、自贸区新片区开展了一定探索,但于更大程度上吸引优秀人才来沪创新创业、有效降低创新创业人才负担而言,还有一定距离,是人才创新创业发展的关键壁垒之一,亟待突破。目前,国际城市着眼于降低创新创业人才创业成本、有效提高创业成功概率、优化本地营商环境,纷纷运用丰富多样的税收优惠手段,支持人才在全球城市创新发展。

在创新创业税收政策方面,纽约实施纽约创业计划(START-UP NY),对在新设、新迁入或在纽约进一步扩大投资的企业,在符合条件的大学附近或校内创业经营、与大学开展密切合作的,予以营业税、电信服务消费税、大都市通勤运输区(MCTD)流动税、销售和使用税、房地产税以及个人所得税10年免税优惠,其中前5年企业员工所得税直接免除,后5年收入20万美元以下员工可予免除。纽约生命科学研究开发税收抵免计划,政府每年计划投入1 000万美元,对研究发明、商业化和生产的生命科学企业给予连续3年的税收抵免,其中,雇员在10

人及以上、少于10人的公司,分别可获得15%、20%的抵免,每年上限50万美元,终身上限为150万美元。伦敦的创新创业人才可获得种子企业投资计划(SEIS)支持。目前,英国政府通过向私人投资者提供50%的投资税减免,减免总额最多15万英镑。此外,英国还引导投资者投资SEIS的股票,从中获得再投资收益可享受50%的资本利得税减免;出售股份收益可免税,投资整体亏损豁免。

在企业所得税政策方面,纽约市制定了一系列企业优惠政策,如房地产税特别减征5年计划(3年减50%,第4年减33.3%,第5年减16.7%)、曼哈顿优惠能源计划(期限12年,前8年电费减少约30%,以后每年减电费20%)、免除商业房租税(前3年商业房租税全免,第4年免2.7%,第5年免3.3%)。硅谷所在的加州政府2014年起推出"竞争税收减免计划"(Competes Tax Credit),每年预留总额的25%,面向州内所有企业,根据雇佣规模、投资额度、促进就业、产业发展等不同因素,予获批企业一定额度州所得税抵减。新加坡对内外资企业实行统一的企业所得税政策,是全世界企业所得税最低的国家之一。自2010估税年度起,新加坡将企业所得税税率调整为17%,并且所有企业可以享受前30万新元应税所得的部分免税待遇:一般企业首1万新元所得免征75%,后29万新元所得免征50%;符合条件的起步企业(前3年)首10万新元所得全部免税,后20万新元所得免征50%。新加坡税法规定,企业所得税的纳税义务人包括按照新加坡法律在新加坡注册成立的企业、在新加坡注册的外国公司(如外国公司在新加坡的分公司),以及不在新加坡成立但按照新加坡属地原则有来源于新加坡应税收入的外国公司(合伙企业和个人独资企业除外)。此外,新加坡已与全球70多个国家,包括日本、中国、马来西亚、印度尼西亚和英国在内的国家达成双重征税协议。以色列规定,自2018年1月起以色列企业所得税

第八章 世界著名创新型城市引进留住创新创业人才的经验做法及启示

税率统一为23%,但高新技术企业和优先发展企业可以享受一系列税收优惠政策,例如,"优先地区"的企业税率为7.5%,国外常驻机构的高新技术收入预提税4%,具有"优先级"资格的科技公司(即公司总费用的7%以上用于科研开发;从事研发的劳动力中20%以上是受雇于公司;公司事先接受风险资本投资;公司销售额年均增长25%或者3年内员工人数增长25%;其余符合财政部条件的公司)可享受12%的税率,如优先级企业总收入超过100亿谢克尔的企业,还可以执行6%的税率。此外,特拉维夫政府出台新创软件开发企业减免市政税(ARNONA)政策,经认定的初创软件开发的科创企业可享受30%—60%的市政税减免优惠。东京都为改变高于新加坡、中国香港及亚洲其他主要城市的企业实际税率(30.86%),设计特定税收激励制度,向日本内阁府提出了将包括金融科技公司等企业纳入国家战略特区符合税收减免条件的企业名单中,展开纳入税收减免。

在个人所得税政策方面,新加坡个税是全世界税率最低的发达国家之一,且对外籍人才的国外收入实行免税政策。按照新加坡法律规定,新加坡公民、在新加坡定居并成为永久居民(PR)、全面在新加坡居留或工作183天以上(含183天)的外籍人士(公司董事除外),均是个人所得税纳税对象。新加坡个税实行累进税率制,征税起点为2万新元,最高阶梯税率为22%(如表8-1所示)。纳税居民有权就子女抚养费、职业培训费、保险费以及公积金(CPF)缴款等事项享受个人所得税减免。对于非居民纳税人而言,如果收到来自新加坡不超过60天的短期就业酬劳,可免于征税,且对在新加坡收到的外国来源收入可免于征税,但不能享受税收减免福利。以色列对非居民个人税率与以色列居民一致,但非居民纳税人可扣除一些个人生活费用等,适当减轻其纳税义务。此外,受以色列居民邀请、持有效工作许可证、经就业服务中心鉴定的"外国专家",在以色列工作第一年,个人所得税可享受每日320新谢克尔的住宿费和日常生活津贴减免优惠。

表8-1 新加坡居民/非居民纳税人个税比较

	居民纳税人	非居民纳税人
所得税税率	0%—22%的累进税率	15%或就业收入累进居民税率(以产生较高税率额的为准)(不包括董事费/薪酬)
个人减免额以及返还	适用	不适用
来自新加坡的就业收入	征税	如果收到来自新加坡不超过60天的短期就业酬劳,不征税
在新加坡收到的外国来源收入	免税 通过新加坡的合伙企业收到外国来源收入可使用特殊规则	免税
董事费/薪酬/房产出租收入	0%—22%的累进税率	22%
税务条约优惠	是	否

经验启示与建议:税收政策是最有效的人才激励工具。从国际典型城市的经验看,它们对税收政策的使用具有更多的灵活性和多样性,一方面,增强国际竞争性,最典型的是新加坡;另一方面,对创业企业都不同程度采取了低税、抵扣政策。东京、纽约等原来税收相对较高的城市,这些年针对创业企业、创新人才也在积极改革税制,除了加大抵扣力度,就是对标国际进行降税。相对来说,上海在税收激励工具使用上受到的限制较多,还没有充分发挥出更大的正向激励作用。我们建议:一要加快落实临港新片区个人所得税15%的政策。不仅对海外人才,

还争取对本土人才,也可通过税后奖励方式实施该项政策。二要在人才高峰工程 13 个领域争取复制个人所得税 15% 的政策,越快越好,因为深圳、苏州等地已经实施这一政策,要强化竞争意识。三要加快研究和实施税收抵扣政策。东京、纽约、伦敦、特拉维夫等个人所得税、企业所得税看起来税率不低,但它们有各种抵扣政策,实际征收税率明显低于名义税率,而我们在抵扣这一块灵活性比较低。可以考虑对引进的高端人才实施更大力度的住房抵扣政策、保险抵扣政策、教育支出抵扣政策;对创业企业、高科技企业,实施更加积极的研发抵扣政策、员工住房抵扣政策,对科技成果转化收益,切实落实好税收 5 年延后支付政策,还要对研发创新期间的部分相关支出,如人员聘用支出、合作研发外包支出、团队成员租房支出等,给予更加积极的抵扣。

四、创新创业人才平台支持

上海创业孵化器在全国发展较早,具有一定特色,但与支撑具有全球影响力的科技创新中心发展和促进具有国际竞争力的创新创业人才发展相比,尚有一定距离。

在建设创业空间方面,纽约与康纳尔大学出资 20 亿美元联合建立康奈尔科技园区(Cornell Tech),共同打造创新创业孵化器、高科技人才培养基地、师生和企业家科学家开放互动的社区,其中,政府预先投资 1 亿美元进行基础设施改造,提供能源补贴、税收减免。2018 年纽约市建立联合广场技术中心,以技术为中心,为纽约工作的人才提供技术培训,同时为成长型初创公司提供灵活租赁价格的生产空间以及免费的社区活动空间。纽约市则通过纽约市经济发展公司(NYEDC)牵头一项 1 亿美元公私合营计划——纽约网络(Cyber NYC),这个创业加速器和人才网络连接纽约高校系统和网络投资者,旨在催化下一代网络初创公司,将纽约打造为全球网络安全领导者。硅谷涌现出了以 Plug and Play 为典型代表的一批市场化运作孵化平台,通过早期创业公司提供投资、加速等服务,累计投资、加速 6 000 家多初创企业,其中不乏成长为诸如 Google、PayPal、LendingClub 等的巨型公司。特拉维夫政府专门创建"创业中心"(entrepreneurship centers),为创客提供价格低廉的共同办公空间,创造相互学习交流和成为合作伙伴的机会。同时,还为初创企业和青年创客免费提供一对一的创业咨询和培训,开放市政数据库、会场、广告展板以及公共测试实验室等。东京都政府对信息技术、区块链、金融科技三个领域创新创业人才,推出了新加速器项目,形成集企业家、投资者、主要企业、研究机构等相关市场参与者的科技生态体系,并由政府派遣业务指导团队为创新创业人才提供为期数月的指导服务。此外,东京都政府还在赤坂、涩谷、丸之内等地设立一站式服务中心,接受提交英文材料,方便外籍人士在东京开办企业。

在创建创新创业活动平台方面,伦敦每年举办数百个科技活动和聚会,帮助创新创业人才寻找合作伙伴、客户、投资者和新创意。特拉维夫每年召开 DLD 创新大会(DLD 即数码、生活、设计),通过举办专题会议、路演、街头展览以及狂欢节活动,每年吸引以色列及全球超过 70 个国家的科技产业从业者、企业家、政策制定者和投资人参加。每年举办"官员与初创人才见面会"(MEETUPS)、"我有一个主意"(I HAVE AN IDEA)聚会、编程马拉松比赛等,面向科技创新创业人才,建立"揭榜挂帅"机制,发布城市治理、城市问题的课题或项目,政府直接购买或建立联合小组定期共同攻关等方式,推动人才创新创业。东京通过"连接东京"项目平台,与在伦敦、巴黎和旧金山的日本领事馆和商会等海外分支机构合作,派遣常驻工作人员从海外分支机构和当地企业收集信息,开展业务咨询,提供东京的相关信息,开展快节奏招商引资、招人

第八章 世界著名创新型城市引进留住创新创业人才的经验做法及启示

聚才活动。

在创建数据共享平台方面,纽约市政府和IBM等著名科技巨头联手,整合公司、创业、投资以及媒体等各种元素,推出"数字纽约"平台,建立搜索门户网站,形成8 000家创业公司、166个投资机构以上的数据库,实现纽约创新创业和投资孵化信息共享。特拉维夫建立开放数据项目"OpenData TLV",专门开通友好界面网站,允许开源访问、下载市政当局有关人口、交通、事件、教育等数据库及图表、分析工具,以有利于创业发展。此外,以色列特拉维夫市运用高科技技术打造融合城市公共服务和信息采集的智慧平台Digi-Tel,推进数字城市生活变革,包括Digi-Tel城市居民卡,即集合特拉维夫一般城市公共服务项目,并基于居民个人行为数据分析结果提供个性化服务。此外,搭建免费Wi-Fi热点系统,让企业和居民随时享受无线接入的智能数字化生活。

经验启示与建议:平台载体是人才创新创业的基础设施,其中有物理的,也有软性的。从近10年的趋势看,各个国际典型城市积极面向年轻的创新创业人才,在扶植大学科技园区(或孵化器)、搭建政府数据开放平台、举办众多科技交流活动和创业路演活动等方面,有更多的举措和创新。上海不仅要着力建设好一批国家级研发创新平台,还要更加用心用力支持和服务年轻人创新创业,充分发挥国际大都市优势和科技创新机构集聚优势,在搭建和激活创新创业平台载体上有更加积极的布局。一要更大力度支持大学办好科技园区(孵化器)。对教育空间进行适当的规划调整,在各个大学位处郊区的主校区,利用比较宽裕的校内空间,布局孵化器;在位处中心城区的老校区,挖掘宝贵教育空间资源,进行二次开发利用,建设一批孵化器。市、区两级政府联手,有力增加对大学办科技园区或孵化器的建设资金投入。二要更大力度开放政府数据平台。结合正在全面推进的"一网通办""一网统管",创办数据共享平台,把政府机构和公共服务机构掌握的各类数据向社会开放或向特定创新创业者开放,助推人工智能创新创业和数据开发利用创新创业。三要更大力度举办各类科技创新创业交流活动。要办好人工智能世界大会、浦江创新论坛等大型国际论坛,还要办更多中小型的科技交流论坛。政府支持、社会唱戏,让活跃多样的科技交流活动和创新创业赛事成为上海发展的新名片、软优势,以活动聚人气,以活动创造机会。科技部门可设立专项资金,资助社会团体、大学、科研院所、企业、联盟、场馆机构等举办科技创新创业活动。促使各会展机构、文化场馆机构、展览展示机构等向社会提供免费或低收费的交流场所。

五、创新创业人才安居支持

有关研究显示,上海年均住房支出与净收入的比例远高于波士顿、新加坡、悉尼、芝加哥、巴黎等城市,上海在解决人才安居问题上仍旧依赖于人才公寓、公租房、共有产权房、补贴等手段,缺少新型的安居举措。从国际大都市的发展来看,重视住房问题,改善安居环境,让居者有其屋,是国际大都市留住人才、留住企业的重要策略。

纽约市2014年提出《纽约住房:5区10年住房计划》,计划在10年内建造20万套优质经济适用房,解决住房危机。2017年新推出"纽约住房2.0"计划,将目标升级到2026年之前实现30万户。2020年在该计划基础上,政府新近启动了 Your Home NYC(纽约住房的下一阶段),提出保障所有纽约人住房需求、免除租户保证金的愿景。硅谷面对近年来房价飞涨、青年科技人才生活成本压力猛增、人才"逃离硅谷"等问题,一方面,积极采取行政措施限制房租涨幅、缓解市场主体租住压力。加州2019年通过"加租封顶"房租管制法案(*Rent Cap Bill*),限

第八章 世界著名创新型城市引进留住创新创业人才的经验做法及启示

制加州地区屋龄15年以上的公寓房租年均涨幅不得超过5%,如考虑到通货膨胀因素,最终涨幅不得超过10%,同时规定房东不能随意驱逐租住至少一年的房客。另一方面,发挥市场主体作用,缓解住房压力。例如,通过谷歌、脸书、领英等头部科技公司自建公寓或提供住房补贴,谷歌在附近新园区建设近1万套新住房,通过大幅降低房租,以解工程师燃眉之急。脸书在威洛园区(Willow Campus)建造1500套住房,以低于市场价15%的价格面向公众供应。又如,硅谷积极发展"只租不售"的商业住宅、公寓小区和共享住宅/合租公寓、合租床位等,解决人才安居问题。新加坡放宽非永久居民组屋购房限制,低收入购房有补贴。对于具有公民身份的新加坡人可以购买组屋解决安居问题,新加坡非永久居民在一定条件下可购买二手组屋,新加坡公民与外籍配偶(非永久居民)在非公民配偶计划(Non-Citizen Spouse Scheme)下申请津贴购买转售组屋,年满21岁、家庭成员至少1人在新就业满12个月、家庭月平均收入不高于4500新元的非公民可向政府依据其收入水平申请最高4万新元的额外安居津贴(Enhanced CPF Housing Grant, EHG)购买转售组屋。对外籍人士,在新加坡只能购买所有类型公寓和多于5层的有地住宅,但首付比例较低,其中,期房首付为20%,银行贷款最高可达70%,贷款利率在1%—2%。特拉维夫推动经济适用房项目,加强创业者住房保障。除了在城市外围扩建定居点之外,特拉维夫市还推动经济适用房兴建计划。政府规定每年各个区的城市预算计划必须包含经济适用房项目并提交区地方规划委员会批准。同时市政府还通过财政补贴,优先核准建筑许可等方式促进私营企业参与经济适用房项目。截至2018年,特拉维夫市对经济适用住房项目的投资约占该市发展预算的10%。东京都利用"城市更新项目"在东京站、虎之门等地区规划修建国际学校、服务式公寓等工程,得到法律许可,作为特殊条款纳入城市规划法及其他相关法律,同时,还推广"职住融合"等有效利用特区政策的相关项目,优化安心创业的生活环境。

经验启示与建议:各个国际城市都很重视青年人才的住房问题,在建设公租房、公司宿舍、实施低租金上采取积极措施。上海面临房价高企不下的现实形势,因此也要从公租房、公司宿舍和低租金上采取更大力度的措施。一要继续推进人才公租房建设,同时立足长远构建人才公租房政策体系。重点在张江科学城、临港新片区、虹桥商务区等创新产业集聚区域规划建设人才公租房,促进产城融合、产才融合。借鉴国际经验,建立健全人才公租房租用、管理、租金等方面的配套政策。二要鼓励和支持各类机构购置或建造集体宿舍。可以在公租房区域留出一定空间供一些企业、科研机构、园区乃至政府机构建造集体宿舍。三要对特定人才群体实施低租金政策。特定人才群体包括引进的海外高层次人才、来沪留沪创新创业的毕业生等,要让这些人才少一点生活压力,多一点对扎根上海创新创业的认同。

执笔:王振、汪怿、陈秋红、胡雯、张铭浩

图书在版编目(CIP)数据

长三角人才一体化发展研究 / 王振，胡雯，陈程著．— 上海：上海社会科学院出版社，2023
 ISBN 978-7-5520-4067-8

Ⅰ.①长… Ⅱ.①王… ②胡… ③陈… Ⅲ.①长江三角洲—人才—发展—研究 Ⅳ.①C924.245

中国国家版本馆 CIP 数据核字(2023)第 174535 号

长三角人才一体化发展研究

著　　者：王　振　胡　雯　陈　程
责任编辑：董汉玲
封面设计：周清华
出版发行：上海社会科学院出版社
　　　　　上海顺昌路 622 号　邮编 200025
　　　　　电话总机 021-63315947　销售热线 021-53063735
　　　　　http://www.sassp.cn　E-mail:sassp@sassp.cn
排　　版：南京展望文化发展有限公司
印　　刷：上海新文印刷厂有限公司
开　　本：720 毫米×1000 毫米　1/16
印　　张：15.25
字　　数：187 千
版　　次：2023 年 9 月第 1 版　2023 年 9 月第 1 次印刷

ISBN 978-7-5520-4067-8/C·227　　　　　定价：78.00 元

版权所有　翻印必究